習近平「文革2.0」の恐怖支配が始まった

中国が世界を廃墟にする

福島香織
Kaori Fukushima

ビジネス社

はじめに

習近平《しゅうきんぺい》政権になってから、あらゆる部門で組織改革や新たな法制度が進んだ。それはたいてい、習近平が自分の指示や命令ができるだけ直に伝わり、より厳格に管理できるようにするためのものだった。

一番大きな改革は軍制改革とそれに伴う法律改正、次に国務院改革、そして党組織改革。彼の真の目的はもう疑いようがない。かつての毛沢東のように終身個人独裁を復活させること、そして毛沢東もなし得なかった世界の覇権を実現することだ。

なぜ、そのような妄想《もうそう》にとらわれたのかは謎である。一般的な説は、習近平の人格形成があの文化大革命時期になされ、文革的な価値観、文革的な志向しか持たない、完全な「文革脳」の毛沢東チルドレンであるからだ、という。

文化大革命は1966年から76年まで10年も続いた、大衆動員型の政治闘争である。建前上は理想の社会主義文化の創設のために、旧来の封建文化、台頭し始めた資本主義文化を打倒する運動だった。おりしもベトナム戦争で西側民主主義は自信を失い、左翼勢力が台頭、一部の西側社会の平和主義的左翼人士たちは毛沢東語録に魅了され、中国ですばらしいプロレタリア革命が進行していると信じて疑わず、礼賛していた。

だが、その本質は、大躍進などの失政によって国家主席を劉少奇《りゅうしょうき》に譲った毛沢東が、劉少奇を失脚させ、権力の奪還を目指す権力闘争だった。無垢《むく》で洗脳されやすい青少年や農民を動員し、暴徒化させ、無政府化した中国で、建国者の毛沢東は神になった。良心的な政治家、官僚、知識人たちは、この異常性を認識していたが、誰もこれを食い止めることができず、毛沢東が死ぬまで文革は終わらなかった。

習近平が中学1年生のとき文革が始まり、2年生になる前に学校は解散。父親の習仲勲《しゅうちゅうくん》は文革の少し前から毛沢東に迫害を受けており、その息子の習近平も1969年、16歳のときに陝西省北部に下放され、厳しい農業労働に従事した。

習近平も文革で苦労したのだし、父親の習仲勲は開明的な政治家であったのだから、習近平も民衆を大切にする為政者になるのではないかと期待した人もいた。だが、中学1年以上の学力をもたない習近平は無垢な農民子弟と変わらず、むしろ下放先で毎日、シャワーのように浴びた毛沢東思想を骨の髄《ずい》まで染み込ませた毛沢東チルドレンとなったのだった。

大学も毛沢東の推薦を得て、習近平は無試験で清華大学に入学した。習近平は義務教育すら満足に受けず、常識も知らないまま、閉じられた農村の生産隊での厳しい重労働と毛沢東思想だけをそらんじる日々の思春期を送った。人生の指針となるべき知識はすべて毛沢東から学んだ。父親の習仲勲が名誉回復し、監獄から16年ぶりに釈放されたのは1978年。習仲勲は、25歳の習近平を見て、それが誰かもわからなかったという。

文革で父親が弾圧され、自らも苦労したという点で習近平と温家宝《おんかほう》は似た境遇である。しかし習近平よりも10歳年上で、文革前に大学教育を受けていた温家宝は毛沢東に洗脳されるどころか、文革を今も憎んでいる。このわずか10年前後の世代の差の大きなこと。

こうした習近平の生い立ちを考えてみると、習近平にとっての人生のお手本は毛沢東以外になく、自分の正しさを証明するためには、毛沢東を否定した人物、つまり鄧小平《とうしょうへい》を否定する以外になかった。

そしていつの間にか、自分こそが毛沢東の正当な後継者であり、毛沢東がなし得なかった夢、世界に革命を輸出し共産党が指導する国際社会を実現できると思うようになったのではないか。それが、中華民族の偉大なる復興、中国の夢、人類運命共同体といった言葉で表現される習近平の理想なのだろう。

なぜ、習近平が自分に、毛沢東の夢を継ぐことができると考えたのかはわからない。ただ、コンプレックスが強く、疑り深く他人を信じない独裁者の周りには、本人が喜びそうなことしか言わない人間が集まる。厳しい助言や諫言《かんげん》をいえば粛清されるからだ。だから習近平の妄想は膨らみ続けている。

彼が今何を考えているか、今から何をやろうとしているのかは、その言動から推測できることがある。彼の愛用するフレーズの「100年に1度の未曾有《みぞう》の大変局が世界で起きている」「時の利は中国にある」「中国がこの大変局後の国際秩序の再構築に積極的な役割を果たす」などは、いずれも習近平演説によく出てくる文言だ。

大変局によって起こる社会の分断、闘争により旧来の価値観や秩序が破壊され、無秩序状態の中で疑心暗鬼に陥る大衆を、うまく誘導し敵を攻撃させ、階級同士を戦わせる。そして焼野原になったところで、自らが完全に支配できる世界を再構築する。これが文革的手法である。

習近平のいう大変局とは何か。トランプ政権の登場による米中の価値観対立の先鋭化、その次の米国大統領選の混乱、香港の反中運動の暴力化、ウイグル弾圧の激化、新型コロナのパンデミック、その他各地で起きる暴力的な左翼運動、イエローベスト運動のような労働者の抵抗、人種差別問題、ミャンマー軍事政変なども含まれよう。

こうした一連の変局のプロセスで深まる人々の民主主義に対する自信の喪失。これほど混乱が集中するのは自然なことなのか、意図的か偶然かはともかく、直接的・間接的に中国の要素が働いているのは言うまでもないだろう。

かつてベトナム戦争で米国の民主主義と自由社会に対する信頼と自信が揺らいだ時代に、文革が勃発《ぼっぱつ》し、世界に波及しかけたのと同じ空気が流れ始めている。習近平は文革を、もう一度、起こそうとしている。そう考える根拠については、本書でも詳しく紹介している。

ここで強く言いたいのは、もし、習近平が毛沢東のように文革的な手法で自らの独裁的権力を打ち立てようとしたとき、これまで以上に世界を巻き込むことになるだろう、ということだ。なぜなら、これから文革のようなものが起きるとしたら、それは「文革2・0」。インターネットやSNS、AIやビッグデータなどのハイテク技術を駆使し、法律やルールなどを道具にして「法治」を装った形の、より洗練された文革になるだろうからだ。

60年代のような、街角のいたるところで血みどろの肉の塊になるまで撲殺が起きたような文革は、もう起きない。その代わり、サイバー軍やネット紅衛兵たちがSNS上でターゲットを精神的にリンチし、異論を封じ、ビッグデータを使って政敵をあぶりだして失脚させ、フェイクニュースと陰謀論で人々を疑心暗鬼に陥れる。

「法治」を装った法とルールで、人々の自由を一層制限し、自らの脳で考える機会を奪い、洗脳を完了していく。目に見える大殺戮《さつりく》は起きないが、不自然な自殺や失踪は増えていくかもしれない。香港で起きている平和デモの暴力化、市民の分断、法治の建前で粛清される異見人士たちや、若者の不自然な自殺や失踪は、「文革2・0」のテストケースと言えるかもしれない。

「文革2・0」であれば、インターネットやグローバルなSNSを通じて、中国の対外大プロパガンダも効果的に世界に広まる。米大統領選と新型コロナのパンデミックで民主主義と自由社会に自信を失いかけていた西側の人々の中には、中国にも「法治」や「民主」がある、そうした中国式法治と民主も良いのではないか、と本気で思う人も出てくるのだ。もちろん、こういうことを言い出す人の多くは、チャイナマネーのうまみもすでに覚えている可能性があるが。

さらにいえば、パンデミックを機に広まったアジア人に対するヘイトクライムの急増は、民主主義的価値観になじんだ華僑、華人たちを再度、中国共産党の潜在的工作員に洗脳する絶好のチャンスとなるだろう。文革とほぼ時を一にして、カンボジアが文革式手法で恐ろしい独裁政権に支配されたこと、そのとき、華人工作員たちが大きな役割を担っていたことは忘れてはならない歴史だろう。

本書は、今、中国で起きている中国の超管理国家、強権国家化ぶりをその関連法や政策の紹介を交えてつまびらかにしようとまとめた。第1部はほとんど書下ろしだが、第2部から第4部までは私が発行するメールマガジン「中国趣聞」やウェブマガジン「JBpress」などに寄稿したものに修正を加えて再録した。

この1年あまりで起きた中国の管理強化、「法治」を建前とした人権弾圧状況は異様である。本書を通じて、それが中国国内にとどまらず、ポストコロナの国際社会に広げていくための布石を打っているのだとわかっていただければ、日本の読者の方々も無関心ではいられないと思う。

2021年6月10日

福島香織

習近平「文革2・0」の恐怖支配が始まった　目次

第2部 人権なき抑圧国家

第3部 奪われる経済・企業の自由

第4部 監視社会の束縛と恐怖

プロローグ

憲政主義は独裁に変わった

新中国建国後最初の五四憲法

浙江《せっこう》省杭州市北山街の西湖咫尺《しせき》からちょっと離れたところで、中華人民共和国憲法草案初稿が、「五四憲法」歴史資料陳列館に静かに展示されている。

この五四憲法（1954年、新中国建国後最初にできた憲法）初稿をもとに、全国8000人が参加する憲法草案初稿討論が行われ憲法が成立した。この初稿から、中国共産党指導者たちが指導する人民が制定した中国最初の憲法の成り立ちが実に非凡なのだ。華僑向け国営通信社・中国新聞が、地方紙で紹介されたその物語を再掲していた。

1953年12月、毛沢東《もうたくとう》がこの憲法起草チームを率いて杭州にやってきた。西湖湖畔の青灰色の建物の2階で、憲法起草チームはこの初稿の起草に着手した。これを俗に西湖稿と呼ぶ。

杭州行きの列車の中で、毛沢東は随行員にこう語った。「国を治めるには1つの大法（法体系）が必要だ。私は今回杭州に行き、精力を集中させて、国を立て安泰にする大事を行う」。

起草した建物は今「五四憲法」歴史資料陳列館となっている。2016年12月4日、第三国家憲法記念日に正式に対外開放された。この建物は1930年代に建築された平屋と2階建ての建物で、今は復元されて3つのテーマ展示場を設置、五四憲法の起草から討論、実施にいたるまでの全プロセスを紹介している。

五四憲法歴史資料陳列館の副館長の王永翔《おうえいしょう》は「西湖稿起草の間、毛沢東は劉庄（村）に滞在し、毎日午後3時にここに来て執務した。毛沢東の執務机の上の箱には各種書籍や資料がいっぱい入っており、その中にはソ連など社会主義国家の憲法もあった。また資本主義国家憲法の訳本もあった」と解説する。毛沢東は憲法起草のために、世界中の憲法を読み、研究した。この時、資本主義憲法も反対するだけでなく、どこに問題があるのかをよく研究し、中国の実情と理想にあうように参考にした。

「毛沢東主席は仕事の集中力がすごくて、仕事にとりかかるや夜通しでやることもよくあった。昼食を夜中にとり、夕食を早朝にとることもしばしばだった」と陳列館宣伝部長の夏文玲《かぶんれい》は語った。「毛沢東は自ら（起草）討論に参加し、繰り返し草案を研究、論証し、多くの条文を自ら修正し確定した」。

77日の昼夜を徹した奮戦ののち、西湖稿はついに完成。1954年3月23日の憲法起草委員会第1回会議で、中国最初の憲法草案初稿が提出された。この会議以後、憲法草案は全国政治協商会議、各民主党派、人民団体及び中央と地方の指導機関、社会の各代表8000人以上が幅広く討論し、5900以上の意見が出た。

1954年6月14日、憲法草案が正式に発布され、全人民による2カ月余りの討論があった。6月15日付けの人民日報には憲法草案全部が掲載されている。これに対し、延べ1・5億人以上の人民から、118万条の修正、補足の意見が寄せられた。

憲法学研究30年以上の、韓大元《かんだいげん》は五四憲法の研究に力を尽くし、10年以上かけて関連の資料を、国内外を探し回ってかき集めてきた。陳列館展示の初稿も韓大元が寄贈したものだ。

1954年9月20日、中華人民共和国最初の全国人民代表大会（全人代）第1回会議で全会一致でこの憲法が採択された。

この全人代を開くために、中国では初めて大規模な普通選挙が各地で実施された。民国初期、選挙権は金持ちだけに与えられていたが、毛沢東は全人民が自分の村で投票することを認めた。小説などで、当時の投票の様子を書いたシーンなどを見ると、字の読めない村民は、豆粒を使って候補者の支持不支持を表面していたようだ。6億人人口の代表として選ばれた1200人の全人代代表による、中国最初の議会だった。

五四憲法は全106条。スターリン憲法をモデルにし、社会主義国家建設への目標を掲げている。

第1条「中華人民共和国は労働者階級の指導による労働者農民連盟を基礎とした人民民主国家である」

第２条「中華人民共和国の一切の権力は人民に属する。人民が行使する権力の機関は全国人民代表大会と地方各級人民代表大会である。全国人民代表大会、地方各級人民代表大会とその他の国家機関は、一律民主集中制を実施する」

韓大元は「五四憲法は新中国最初の社会主義性憲法であり、わが国の法制史において重要な位置を占める」と言う。

２０２０年末までに、五四憲法歴史陳列館には延べ１２６・６万人が参観し、青少年の参観は31・７万人を数える。

開明派・習仲勲がつくり直した

中国は五四憲法発布後、七五年憲法、七八年憲法、八二年憲法と３つも憲法をつくり直し、現行の八二年憲法も１９８８年、１９９３年、１９９９年、２００４年、２０１８年と５回も修正している。中国の変化に応じた新憲法制定、憲法修正といえる。

この中で現行の八二年憲法は、習近平の父親で開明派政治家の習仲勲《しゅうちゅうくん》が起草チームのリーダーを務めた。八二年憲法をよく読めば分かるが、人権や自由についての条文もしっかりあり、中国の体制を党治から法治に変えていこうとする意欲が込められている。

習仲勲はいわゆる文革憲法（七五年憲法）を完全否定する目的で、この八二年憲法の制定に参与した1人だったのだ。文革憲法は毛沢東が自分の個人独裁の根拠のためにつくった憲法で、党の指導を絶対的なものとしていた。八二年憲法にも「党の指導」は間接的に盛り込まれているが、序文の結びにはこうある。

「この憲法をもって、法律の形で、中国各民族人民の奮闘の成果を確認し、国家の根本制度と根本任務を規定し、各政党、各社会団体、各企業、事業組織、すべて憲法を根本的活動基準とし、憲法遵守を維持し、憲法の実施を保障する職責を負わねばならない」

つまり習仲勲は中国の政治が憲政主義に移行することを憲法に託したのである。毛沢東の最初の憲法、そして八二年憲法は実は、なかなかよく考えられたものだった。しかし毛沢東は権力への執着から、独裁に利用する憲法をつくり、憲政主義への思いを込められた習仲勲の八二年憲法は、その息子の習近平《しゅうきんぺい》によって修正され、憲法を独裁に利用しようとしているわけだ。2018年3月の全国人民代表大会で、憲法で決められていた国家主席任期についての条文を撤廃したのだ。

八二年憲法の修正は歴代指導者がこれまで4回行ってきたが、習近平による5回目の修正はこれまでの時代に合わせた「改善」ではなく、時代に逆行したものだった。

中国の憲法がこんなにつくり変えられたり、修正されていることを思えば、日本国憲法が、社会情勢や国際情勢がこんなにも変化しているのに、なんら修正されないのは本当におかしい。

八二年憲法には、「言論・出版・結社の自由」「信教の自由」「人身の自由」「人格の尊厳」「住居の不可侵」「国家機関に対する批判・建議の権利」「文化活動を行う自由」が保障されている。

習近平政権は憲法を都合の良いように修正したが、それでも八二年憲法の条文には、まだ習仲勲の精神は残っている。中国が再び、この八二年憲法の精神に立ち戻るチャンスはあるのだろうか。だが、このまま習近平の独裁が長期に継続すれば、恐らくは毛沢東時代の中国以上に、巨大な監獄のような極権政治の超管理国家となり、世界を翻弄《ほんろう》することになる。

（『中国趣聞』２０２１年５月３日改変）

第1部

止まらない対外膨張

1 「海警法」制定の狙いは武力衝突への備え

日本人が尖閣に近づけない

取材領域を海に広げたいと思って数年前にダイビングライセンスを取ったのだが、いつかダイビングしてみたい海に尖閣《せんかく》諸島界隈がある。チャンネル桜というCSテレビ局がずいぶん昔に撮影した映像に、石垣島の漁師たちがダイビングしながらスピアフィッシングで漁をしているものがあり、その海の美しさと激しさに心奪われた。いつか、私もあの海に潜《もぐ》ってみたい、と思って、目下ダイビングスキル向上に努力中である。だが、残念なことに尖閣諸島は日本の領土ながら、もはや日本人が近づくことが許されていない状況だ。

近年、中国の海警船が尖閣諸島周辺海域に出没することが常態化しており、一般人が近づいて、万が一にも拿捕《だほ》されたら、国際問題に発展しかねない。それを避けるためにも、日本の海上保安当局が日本漁船を含め、日本人が尖閣諸島に近づくこと自体を許可しなくなったからだ。

この尖閣諸島周辺にうろつく海警船とは、いったい何なのだろうか。その歴史は意外に浅い。海警局は２０１３年３月に発足した。日本の野田佳彦《よしひこ》民主党政権時代の２０１２年９月11日、尖閣諸島の国有化が決まったことを受けての中国のアクションであったと考えられている。発足当初は国土資源部が管理する国家海洋局傘下にあり、そう考えると国土交通省の外局たる海上保安庁に相当するもの、という受け止めはひとまず正しいといえる。

だがこの海警局の指揮系統が実質的には、解放軍海軍につながっていることが徐々にわかり、ついに２０２０年には武装警察法の修正により、武装警察に統合された。武装警察は、人民解放軍下部組織であり国内向け治安維持部隊である。その起源は建国当時までさかのぼることはできるが、おおむね今の形になったのは鄧小平《とうしょうへい》時代。人民解放軍の近代化過程における兵士の大量リストラに伴う受け皿として整備されたのが１９８３年だ。

形式上は中央軍事委員会傘下の準軍事組織だが、このときの実際の指揮権は国務院公安部（警察）が執《と》っていた。それが習近平政権時代の２０１８年１月に中央軍事委員会に指揮系統を一本化した。この改正に続いて２０１８年７月、武装警察の機構改革により海警局は国家海洋局から武装警察所属の海警総局に移され、その指揮権も中央軍事委員会に属することになった。こうして、名実ともに海警局は準軍隊組織となったのだった。そして、２０２１年２月１日から施行された中国の「海警法」によって、武力行使の根拠まで与えられるようになった。

こうなってくると、尖閣周辺で釣りだの、ダイビングだのはるかな夢だ。日本人にとって自国の海でありながら、もっとも遠い海になってしまった。その一方で、中国国防部は2021年3月1日、公式サイト上で、「中国公船は自国領海で法執行活動を行っており、今後も常態化していく」という見解を表明、海警船によるパトロールを常態化することで、海域の主権の主張を既成事実化していくつもりだ。

中国はこのように、「法」や「ルール」をつくることで、自分たちのなんら正当性のない行動を、あたかも「法」にのっとった規律正しい合理的な行動のように見せかける手法を使う。日本をはじめ、多くの民主主義国家では立法は、国民が選んだ代議士による議会で行なわれ、三権分立の原則により議会の立法権は、行政・内閣や司法に対しても、権力の乱用を防ぐものでもある。法による支配ではなく、法の支配。権力者も法をつくる側も、法の下では平等である。これが法治の概念だ。

だが三権分立の概念のない中国は「立法権」も「行政権」も「司法権」も中国共産党が支配を固め、管理、コントロールするためのパワーであり、法律、ルールは中国共産党支配のためのツールである。中国共産党の目標、野望がまずあり、それを実現するために法律やルールをつくり、支配と監視と管理・監督を強化する。権力の乱用を防ぐどころか、権力を乱用するために法を道具にするのである。これが民主主義国家の法治とは似ても似つかぬ中華式法治、中華式憲政である。

なので、中国が法治や憲政を語り、「我々は国際法、国際ルールを順守している」と主張しても、納得してはいけない。

このような中国の「法」「ルール」について、正しく理解してもらい、その背後にある中国のロジックを知ってもらおうと思って、本書を書き始めた。特に習近平政権になってから、新しい法律やガイドライン、ルールが続々とできている。これによりあたかも中国の法治化、規律化が進んでいる、と誤解する人に結構、出会う。その誤解をまず解きたい。

第1章では2021年2月1日施行の海警法から始めよう。

海上警察を「海軍」に位置付ける

海警法は、2020年6月に可決した武警法改正と、これから審議される海上交通安全法改正案とセットとなって、恐らく日本の尖閣諸島を含む東シナ海情勢や、南シナ海情勢に絡む米国との関係に大きな影響を与えていくことになろう。この一連の法改正は、中国と海上の島嶼《とうしょ》の領有権を巡り対立している諸外国にとって大きな脅威となることは間違いない。

「海警法」成立の最大の意義は、中国海上警察が戦時に「中国第2海軍」としての行動に法的根拠を与えられるということだろう。つまり、戦時には法律に基づいて武装警察部隊系統の中に明確に位置付けられ、中央軍事委員会総指揮部、つまり習近平を頂点とする命令系統の中に組み入られることになる。

そしてその背景は、習近平政権として、東シナ海、南シナ海における島嶼の主権をめぐる紛争に対してより積極的なアクションを考えている、ということではないだろうか。

2018年からすでに中国人民武装警察部隊海警総隊司令員（中国海警局長）の王仲才《おうちゅうさい》が、人民解放軍海軍出身で、かつて東海艦隊副参謀長を務めた軍人であることからも、海警が準軍隊扱いであること、その目標が東シナ海、台湾海峡にあることは誰もが気づいていた。

王仲才について簡単に紹介しておくと、1963年生まれで2021年現在、海警総隊司令であり、武警少将である。解放軍海軍広州艦艇学院に入学し、卒業後艦艇指揮専業本科に進み工学学士を取った。その後、北海艦隊駆逐艦第一支隊、ミサイル駆逐艦哈爾浜号、東海艦隊青島号、杭州号での副艦長、艦長などを務めた。軍の医療艦、和平方舟号で、太平洋を横断し、パナマ運河を越えてキューバやジャマイカまで遠征したこともある。東海艦隊副参謀長を務めた後、2018年から現職となった。

海警法の全文はすでに司法部ホームページなどで公表されている。2020年12月3日まで公表され、パブリックコメントを募集されていた草案は11章88条だったが、可決された法律は11章84条となった。草案よりもニュアンスが若干マイルドになった印象もあるが、国際社会が懸念していた内容は大きく変わっていない。

まず最大のポイントは第3章海上安全保衛第20条の「中国当局の承認なしに、外国組織、個人が中国管轄の海域、島嶼に建築物や構築物、固定、浮遊の装置を設置した場合、海警がその停止命令や強制撤去権限をもつ」ことだろう。日本にとっては、たとえば尖閣諸島の魚釣島に日本青年社が建てた燈台は、この法律に照らしあわせれば、中国当局に撤去権限がある、という主張になりうる。万一、中国の第2海軍の装備を備えた海警船が、本気でこの燈台の撤去に動き出したとき、日本は海上保安庁が対応に当たるのだろうか。それとも自衛隊が出動するのだろうか。

米国や東南アジアの国々にとって気になるのは、第2章「機構と職責」の第12条。以下に訳出してみる。

海警機構は法に基づき、以下の職責を担う：

（1）我が国が管轄する海域でパトロールを展開し、警戒し、重点的な島礁を守り、海上境界線を管理維持し、国家主権、安全、海洋権益への危害を予防、制止、排除する行為

（2）海上の重要目標と重大活動について、安全保衛を実施し、必要な措置をとって重点

島礁及びそれに属する排他的経済海域と大陸棚の島嶼、人工島嶼、その施設と構造の安全を保護すること

（3）海上の治安管理を実施し、海上での治安管理に違反に対する取り締まり、出入境管理の行為、海上でのテロ行為に対する予防と対応、海上治安秩序の維持

（4）海上での密輸の嫌疑がかかる輸送手段、貨物、物品、人員に対する捜査や海上密輸違法に対する取り締まり行為

（5）職責範囲における海域の使用、海島保護及び無人海島開発利用、海洋鉱物資源の探査開発、海底（光）ケーブルやパイプラインの敷設と保護、海洋調査測量、海洋インフラ測量、海洋科学研究などにかかわる活動について監督検査、違法取り締まり行為

（6）職責範囲における海洋工事建設プロジェクト、海洋における廃棄物とそれによる汚染損害、海岸線の自然保護と、海側の保護利用などの活動における監督検査、違法行為の取り締まり、規定の権限に基づいての海洋環境汚染事故に対する応急措置及び調査処理への参与

（7）禁漁区外での底引き網漁船移動及び特定漁業資源漁場での漁業生産作業、海洋や生物保護などの活動に対する監督検査、違法行為の取り締まり、海上安全事故と漁業

生産における争議について、法に基づき組織し、取り調べと処理に参与すること

（8）海上犯罪に対する予防、制止、偵察

（9）国家の関連する職責分担に照らしあわせて、海上突発事件を処理する

（10）法律、法規とわが国が締結、参与する国際条約に照らしあわせて、わが国が管轄する海域以外の区域の担当する関連執法任務

（11）法律、法規が規定するその他職責

以上

この条項で注目すべきは、（2）にわざわざ排他的経済水域と「大陸棚の島嶼、人工島嶼」を挙げていることだ。大陸棚の島嶼と人工島嶼とは、南シナ海で中国がフィリピンやベトナムと争って領有を主張する南沙（スプラトリー）諸島や西沙（パラセル）諸島、そして台湾が実効支配する太平島や東沙諸島を想定しているのだろう。

国際法を完全に無視

さらに第3章の海上安全保衛の第20条。「我が国の主管機関の承認を経ず、外国の組織及び個人が我が国の管轄する海域及び島嶼において建築物、構築物を建造し、又は各種の固定若しくは浮動する装置を設置した場合、海警機構は上述の違法行為を停止するよう、

又は期限内に解体するよう命令する権利を有する。違法行為を停止することを拒否したり、又は期限を超えて解体しなかった場合、海警機構はこれを阻止し又は解体することを強制する権利を有する」とある。

これは、たとえば日本が尖閣諸島に建造物や施設を建てようとすると、中国海警局はこれを力づくで阻止することもあるし、ひょっとするとすでに建てられている青年社の燈台も、解体を強制する権利がある、と言い出すかもしれないともとれる。

同じく第21条には、「外国軍用船舶、非商業目的の外国船舶が中国管轄海域で中国の法律に違反する行為を行った場合、海警は必要な警戒と管制措置をとり、これを制止させ、海域からの即時離脱を命じる権利を有する。離脱を拒否し、深刻な損害あるいは脅威を与えるものに対しては、強制駆逐、強制連行などの措置をとることができる」とある。

となれば、中国が領有を主張する海域、たとえば尖閣諸島周辺で、海上保安庁や海上自衛隊の船が海警船と鉢合《はち》わせすれば、どのような衝突が起きても不思議ではない。

ちなみに国際法上では、領海及び公海において、沿岸国は外国の軍艦・非商業目的のために運航するその他の政府船舶に対し強制措置をとることはできない、とされているので、この第21条は国際法に抵触することになる。

第22条では「国家主権、海上における主権と管轄が外国の組織、個人による不法侵入、不法侵害などの緊迫した危機に直面したとき、海警は本法及びその他の関連法に基づき、武器使用を含む一切の必要な措置をとって侵害を制止し、危険を排除することができる」とある。つまり、日本側が大人しく海域から離脱しなければ、十分に戦闘は起こりうる、ということになる。これも、沿岸国が領海における無害通航権を侵害することは国際法上できないのだから、おかしい条文だ。無害通航ではない船舶の定義は国連海洋法条約の第19条及びその他の規定が厳格に適用されなければならない。中国海警は警察活動をする場合、武器使用の規則に基づいて警察比例の原則を守り、その活動を実施する義務がある。この法律を施行するにあたり、中国は国際法を遵守する義務をもつ。

第4章の海上行政執法における第27条では、「国際組織、外国組織、個人の船舶が中国当局の承認を得て中国管轄海域で漁業生産作業及び自然資源勘査、開発、海洋科学研究、海底ケーブルの敷設などの活動を行うとき、海警は法にのっとり監督管理を行い、人員と船を派遣して監督管理を行う」とある。

そして第29条以下は、処分や罰金の細かい規定が続く。

第29条「違法事実が決定的で、以下の状況のいずれかに当たる場合、海警当局の執行員は現場で罰則を科すことを決定できる。（1）個人に対する500元以下の罰金あるいは警告を科す場合、組織に対する5000元以下の罰金あるいは警告を科す場合。（2）海上で罰則を科すことができず、なお事後処罰が困難な場合。その場で決定した罰則は所属の海警機構に速やかに報告を行う」

第30条「現場の罰則は適用されないが、事実がはっきりしており、当人が自ら過ちを認め罰を認めた場合、かつ違反の事実と法律適用に異議のない海上行政案件の場合、海警機構は当人の書面の同意書を得て、簡易の証拠とし、審査・承認して迅速《じんそく》な手続きを行う」「迅速な処理の条件を満たす海上行政事件の場合、当事者は、自筆の書面文書あるいは尋問記録の中で、違法事実を認め、過ちと罰を認め、同時にビデオ音声資料、電子データ、検査記録など重要証拠を相互に証明できる場合、海警機構はその他調査、聴取作業を改めて行わなくてもよい」「法執行機関のレコーダーなど設備を使用して尋問過程を録音する場合、書面尋問記録に置き換えることができる。必要であれば、ビデオ資料の重要な内容や対応する時間帯などを文字で説明する。海上行政案件を迅速な処理で行う場合、海上警察機構は事件当事者の対応を開始してから48時間以内に決定を下すものとする」

第31条「海上行政案件」のうち以下の状況場合は、迅速な処理を適用しない。

（1）法により公聴プロセスが適用される場合

（2）10日以上の行政拘留処罰に処される可能性がある場合

（3）重大な社会的影響がある場合

（4）犯罪にかかわる可能性のある場合
（5）その他迅速的処理がよろしくない場合

中国の領土化を推進

以上の条文を続けて読むと、たとえば尖閣諸島周辺で日本人が漁業を行ったり海洋調査を行うには、中国当局の承認と監視が必要、ということになる。

もし、承認を得ずに漁業や海洋調査を行って、海警船に捕まった場合、罰金を支払う、あるいは書面で罪を認めれば、連行されて中国の司法機関で逮捕、起訴されることはないが、日本人が尖閣諸島は中国の領土であると認めた証拠は積み上がる、ことになる。

仮に著名な海洋研究者がうっかり捕まってしまったとき、身の安全を図り、中国に連行されることを避けるために、その現場で中国の主権を認める発言を書面やビデオなど発見と証拠の残る形で行い、罰金を支払って帰国が許されたとしても、後々、その書面やビデオが中国の国家主権領土の主張のために利用され続ける、ということも想定せねばならない。

武器の使用規定については第6章の「警機（警察が規定する武器）と武器使用」の章にまとめられている。第46条によると、海警警察官は次のような状況において携行武器を使用できるとしている。

（1）法に基づき船に上がり検査する際に妨害されたとき。緊急追尾する船舶の航行を停止させるため

（2）法に基づき強制駆逐、強制連行のとき

（3）法に基づき執行職務の際に妨害、阻害されたとき

（4）現場の違法行為を制止させる必要があるとき

また、第47条では、警告して、それが無効であれば、次の状況において武器を使用できるとしている。

（1）船舶が犯罪被疑者、違法に輸送されている武器、弾薬、国家秘密資料、毒物などを搭載《とうさい》しているという明確な証拠があり、海警の停船命令に従わずに逃亡した場合

（2）中国の管轄海域に進入した外国船舶が違法活動を行い、海警の停船命令に従わず、あるいは臨検を拒否し、その他の措置では違法行為を制止できない場合

さらに第48条で、次の場合、個人の武器使用だけでなく艦載武器も使用できるとしている。

（1）海上における対テロ任務

（2）海上における重大な暴力事件への対処

（3）法執行中の海警の船舶、航空機が、武器その他の危険な手段による攻撃を受けた場合

第49条では、「海警機構の職員が法に従って武器を使用する場合、警告が間に合わなかったり、あるいは警告後にさらに重大な危害がもたらされる可能性があったりする場合、直接的に武器が使用できる」とある。第50条では、「海警機構職員が違法犯罪行為や違法犯罪行為を行う人物の危険性、その程度と緊迫性を根拠に合理的に判断して必要限度の武器を使用できるが、できるだけ不必要な死傷者、遺産の損失を避けるかあるいは減少させなければならない」。第51条では、「海警機構職員が警機、武器の使用をする場合、本法で規定されていないが人民警察における警機・武器使用の規定及び関連の法律、法規に照らしあわせて執行できる」とある。

2020年12月3日までパブリックオピニオン用に公開されていた草案では、外国の漁船が海警船の警告を受けても従わない場合は武器を使用できる、というニュアンスが強かったが、そこは若干和らいだ。

海洋覇権への法整備が整った

そもそも中国はなぜ今、海警法を制定したのか。米国の政府系メディア「ボイス・オブ・

アメリカ」（2021年1月20日付）に、上海政法学院元教授の独立系国際政治学者、陳道《ちんどう》銀《ぎん》氏の次のような気になるコメントが掲載されていた。

「中国海警は将来、さらに重要な影響力を持つようになる」

「目下、中国海軍の主要任務は近海防衛だ。もし戦時状態になれば、海警の法執行パワーはさらに強化される。きっと海軍と同調協力する。南シナ海、台湾海峡、東シナ海などの近海作戦において海上武装衝突が起きる場合、対応するのは海警であろう」

「海警局の法執行の根拠となる法律は今までなかった。中国の目下の建前は法治国家の建設だ。法的根拠を明確にしたことで、少なくとも今後は外部勢力に海警がどのようなことをできるかをわからせようとするだろう」

つまり習近平政権として、海警設立の本来の目的を周辺諸国に見せつける準備がようやく整ったことになる。今後、〝近海防衛〟における衝突発生の可能性がますます高まるとの予測が中国側にはあり、ようやく海洋覇権国家に至るための必要最低限の法整備が整った、ということだろう。

これは後に、詳しく述べるが、習近平政権の野望実現のための1つのマイルストーンでもある台湾統一のタイムスケジュールとも関係がある。2027年の解放軍建軍100年前に台湾統一を実現するとなれば、この数年のうちに、近海で武力衝突が起きる、起こす必要がある、ということだ。解放軍海軍は2027年以降、台湾の向こう、西太平洋に進出し、かつて呉勝利《ごしょうり》・海軍司令がうそぶいたように、ハワイ以西の太平洋の海洋覇権を確立したい。そのために近海防衛を準海軍の海警局に任せ、解放軍は米太平洋艦隊とハワイをはさんで対峙《たいじ》する、という役割分担を念頭にしたうえで、今、海警法整備を行ったわけだ。

日本にもう猶予はない

繰り返すが、この海警法が国際法と整合性があるかというと、きわめて〝グレーゾーン〟が大きい、と陳道銀も指摘している。〝管轄海域〟と表現されている海域はどう定義されているのか。国際海洋法に基づけば、中国が勝手に人工施設をつくった南シナ海の岩礁は、中国の管轄海域でもないし、尖閣諸島周辺海域も〝まだ〟中国の管轄海域ではない。

そもそも、領海内の無害通航に関しては、国際海洋法条約で「軍艦及び非商業的目的のために運航するその他の政府船舶に与えられる免除」(32条)があり、たとえ軍艦であっても、沿岸国の法律(海警法)に違反したからといって強制的な措置をとることはできないということが定められている。海洋法条約に基づけば、原則としては領海外への移動の要求を促すにとどまるはずだ。実際、日本側は、この条約に従い、尖閣周辺に出没する海警船に対して、日本の海上保安庁巡視船は、速やかな退去を促すだけにとどまっている。

だが、中国はこれまでも南シナ海の九段線に囲まれた海域に関する主権の主張に対して、オランダ・ハーグの常設仲裁裁判所が下した「国際法上の法的根拠がなく、国際法に違反する」とした判決を、紙クズと言い放って公然と無視してきた過去がある。なので、中国が国際海洋法条約を公然と無視して、自国のロジックで、この海警法を好きなように運用する可能性は当然考えなければならないのだ。

そもそも76ミリ速射砲や30ミリ機関砲で武装した5000トン～3000トン級の海軍艦船装備の海警船が目の前に現れ、その照準が自分たちに向けられたとき、漁船や海洋研究船の船員たちは「この海域は中国の管轄海域ではない」「国際海洋法条約に照らしあわせれば、問題ない」と言い返せるだろうか。

漁船や海洋調査船が拿捕されれば、船員たちは命の安全のためにも、その海域を中国の海と認める書面にサインせざるを得ない。そうしたトラブルを避けるために、日本側の船がますます尖閣から遠のき、中国の漁船や海警船の侵入を許すことになる。

海上保安庁の巡視船も、海警船の武器使用のリスクに、どうやって法的、実力的に対応できるのだろうか。海上保安庁の巡視船は1000トン級が中心で、通常装備は20～40ミリ機関砲。尖閣巡視用に10隻が専従しているといい、戦力において、大きく海警船に引けをとることはない、という意見もある。だが、海上保安庁の巡視船が先に武力行使したとして、日中双方のいずれかにでも死傷者が出たときに、日本の世論はどのような反応をとるだろうか。その行動に、国際法と齟齬《そご》のない法的根拠が示せるのだろうか。

海警船が海警法を乱用して日本の尖閣諸島周辺で海上保安庁の巡視船と対峙したとき、政府の見解では、警察官職務執行法第7条に規定されている「危害射撃」で対応可能、としている。つまり、（1）相手の違法な侵害から自身を守るための『正当防衛』（2）差し迫った危険を除去するために他者の権利を止むを得ず侵害する『緊急避難』（3）死刑または無期もしくは長期3年以上の懲役もしくは禁錮にあたる『凶悪犯罪』への対応、という、3つの場合に限って、警察官が行える相手に命中させるための射撃のことだ。

だが、海警船の行動が凶悪犯罪に当たるかどうかの判断は、かなり難しかろう。曖昧《あいまい》な判断のまま危害射撃を行えば、日本が国際海洋法条約に違反してしまう可能性のほうが高いのではないか。海警船は、国際法を無視して海警法に基づく行動をとり、日本を含めた国際社会がそれを非難する立場であれば、日本が国際法を軽んじるわけにはいかない。こうした国際法に対する姿勢の違いによって「利ザヤ」を得るのは常に中国側だ。

この数年、中国海警船が尖閣諸島周辺に出没して領海侵入することが常態化しているが、それに対して日本はほとんど効果的な対応をして来なかった。本来なら、尖閣諸島の国有化以降の10年、中国が尖閣諸島を必ず奪いに来るという前提のもとで、防衛出動のシナリオを編み、必要な法整備を行い、人員と兵器装備の厚みを増さなければならなかった。

それをやってこなかった日本に、もう猶予は残されていない。

まずやるべきは法整備だ。法律をつくることは、実際にその法の運用がなされなくても、強いメッセージが発せられる。海警法の施行が、中国の尖閣諸島や南シナ海の島礁に対する強い執着を打ち出し、日本や米国を威嚇《いかく》する効果があったなら、日本も尖閣を断固として守る姿勢を中国にわからせる法律やメカニズムをつくり牽制《けんせい》する必要があるだろう。それが海上保安庁巡視船による威嚇射撃を認めるなど海上保安庁法の改正なのか、あるいは海警船を準軍隊と見て対応するための新しい法律や体制なのかは、専門家の方々の議論を待つことにする。そこに必ず米国と台湾との連携が必要になってくることも、忘れてはならないだろう。

2 台湾統一に照準、人民解放軍建軍100周年

52年ぶりに共同声明で台湾を明記

米国のインド太平洋軍司令官のフィリップ・デービッドソン海軍大将（当時）が、2021年3月9日の米上院の公聴会で「中国は（解放軍建軍100周年の）2027年までに台湾に侵攻する可能性がある」と発言したことは、世界に衝撃を与えたことだろう。続いて、次期インド太平洋軍司令官のジョン・アキリーノ太平洋艦隊司令官も上院の公聴会で「中国の台湾侵攻は大多数の人たちが考えているより間近に迫っている」と述べた。

第1章で紹介した海警法の制定、そして年内に施行されるであろう海上交通安全法修正案は、日本の尖閣諸島周辺での中国海警船の活動の法的根拠を与えるためのものといえるが、ここに来て中国が尖閣周辺での活動を活発化させている背景には、台湾の武力統一を具体的に考えていることがある。中国が台湾侵攻を行うとすれば、日本も無関係ではいられないからだ。

台湾有事に日本が無関係でないことは、2021年4月中旬に行われた日米首脳会談で

打ち出された日米共同声明を見ればはっきりしている。この菅義偉《すがよしひで》・バイデン会談の最大の意義は、「台湾海峡の平和と安定の重要性を強調するとともに、両岸問題の平和的解決を促す」という表現が盛り込まれ、52年ぶりに「台湾」という言葉が共同声明に入ったことだった。1969年11月の佐藤栄作・ニクソン会談での日米共同声明では、「中共がその対外関係においてより協調的かつ建設的な態度をとるよう期待する点において双方一致していることを認めた。大統領は、米国の中華民国に対する条約上の義務に言及し、米国はこれを遵守するものであると述べた。台湾地域における平和と安全の維持も、日本の安全にとって極めて重要な要素であると述べた」という表現があった。

1969年の日米首脳会談では、ニクソンが佐藤に対し、「アジア政策について自由アジアと共産アジアの間に壁をつくる考えはなく、むしろいつの日か、その間に橋を架《か》けることが必要である」という表現で対中政策変更のシグナルを送った。つまり、この会談で、中国の国際社会デビューが決まり、そして台湾が国際社会における孤児の運命をたどることが決まったのだ。

その後、半世紀、中国は日米の支援を得て大国になったが、日米の望むような自由アジアのメンバーにはならず、それどころか世界の自由社会の脅威になった。日米は、最近の数年の間、この怪物のような大国を育《はぐく》んでしまったツケをどのように払うべきかという問題に直面してきた。その答えとして、今回の共同声明がある。

侵攻のリミットは2027年

今回の共同声明の台湾への言及は、やはり米国から日本へ対中政策の大変更を示すシグナルととらえるべきである。自由社会の脅威となった中国を自由社会圏から切り離し、インド・アジア太平洋の自由社会の橋頭堡《きょうとうほ》・台湾を日米で守ろう、というこれまでの半世紀の流れから、反対の方向に舵をきる意思を双方で確認したものだった。

さらに「日本は同盟および地域の安全保障を一層強化するために自らの防衛力を強化することを決意した。米国は、核を含むあらゆる種類の米国の能力を用いた日米安全保障条約の下での日本の防衛に対する揺るぎない支持を改めて表明した。米国はまた、日米安全保障条約第5条が尖閣諸島に適用されることを再確認した。日米両国は共に、尖閣諸島に対する日本の施政を損《そこな》おうとするいかなる一方的な行動にも反対する」という表現が盛り込まれている。

つまり、日本は、台湾を含む同盟国、地域の安全保障のために防衛力強化を約束し、また非核三原則を破っても、米国が核兵器を含むあらゆる手段で尖閣防衛に協力することを承諾し、歓迎した。台湾防衛と尖閣防衛はセットで日米が当たる、ということだ。

台湾に米軍が駐留していないので、台湾有事の最前線は沖縄となる。となると、中国としては、台湾侵攻の際には、尖閣〝奪還〟作戦や沖縄の米軍無力化作戦を含めた戦略を展開しなければならない。台湾有事の際に、自衛隊員や沖縄の民間人に犠牲があるかもしれないという覚悟は残念ながら日本人にはまだできていないが、中国はすでに台湾侵攻のリミットを想定して動いているのだ。そのリミットが2027年であろう、というのは多くの専門家の予測が共通するところだ。

福州と台北とを直結

中国が2027年までに台湾統一を実現する、という予測を裏付ける1つのヒントは中国共産党、国務院が2021年2月24日に発表した「国家総合立体交通ネットワーク計画要綱」にも現れている。これは中国全国にわたる交通網計画の詳細をまとめたものだが、これによると、2035年の前に「全国123往来交通圏」の目標を実現するとある。つまり都市部の通勤時間を1時間以内、都市同士の直通交通を2時間以内、全国主要大都市同士を3時間以内の交通網でつなぐ、という計画だ。

この中で特筆すべきは、全国主要大都市の中に台北が含まれており、2035年までに福建省の福州と台北が高速鉄道と高速道路で直に結ばれることになっている。つまり

2035年までに、台湾は中国の一部になっており、台湾海峡に大橋、あるいは海底トンネルがつながっている、ということになる。

福州と台北の距離は122キロ。香港珠海マカオ大橋は全長55キロで2009年12月に着工し、2018年5月に完成、およそ8年かけて建設された。この大橋自体、台湾海峡に橋を架けるという野望のための実験的建設であったことを考えると、香港珠海マカオ大橋よりはスムーズに工事が進むと見られている。中国の橋梁工事専門家の推計ではおよそ6～7年かかるとしており、2035年までに台北福州大橋（トンネル）の完成を実現するなら、遅くとも2028年には着工しなくてはならない、としている。着工前に最短でも1年の準備期間を設けて、水文、地質調査などが必要だとすると、2027年が台湾統一リミットだ、ということになる。

さらに、2027年リミット説を裏付けるのは、2020年10月に行われた5中全会（第5回中央委員会全体会議）で、従来の習近平政権の2つの百年目標（建党100年目の2021年、建国100年目の2049年）に加えて、3つ目の百年目標が新たに打ち出されたことだ。それが2027年建軍100年目標だ。

習近平は本来ならば2022年の第20回党大会で国家指導者と党の指導者の座を引退して長老になっているはずだが、5中全会開催の段階で、後継者となる若手を政治局常務委員会に入れておらず、恐らくは共産党人事の暗黙のルールである「七上八下」（党大会開催時の年齢が67歳であれば継続、68歳であれば引退）を、後継者が育っていないなどの理由を付けて無視し、特例として、党中央総書記、国家主席の座に居残るつもりだろう。その特例の前例は、2017年の第19回党大会ですでに引退年齢に達した王岐山《おうきざん》を国家副主席の地位に留めたことでつくっている。最終的には党主席の職位を復活して、毛沢東のように終身指導者の地位を狙っているのだが、そのためには、もう1つ、毛沢東なみの説得力のある偉業が必要で、それが台湾統一だと見られている。

この2027年は習近平政権が3期目を継続したとして、その任期の終わりの年であり、この年の秋には第21回党大会が開催される。また、日本経済研究センターと英国の経済ビジネス・リサーチ・センター（CEBR）は2020年12月、相次いで、中国が当初予測よりも5年早い2028年までに、米国を抜いて世界最大の経済大国になるとの予測を発表している。

こういった状況を総合すると、習近平は台湾統一リミットに2027年に想定しているとと予測されるわけだ。このタイムスケジュールにそって、14次5カ年計画、2035年遠景目標が5中全会で打ち出され、2021年3月の全人代で採択され公表された。

「奮闘目標」は戦争が前提

２０２０年秋の5中全会で初めて打ち出された「建軍１００年奮闘目標」とは具体的にどういうことか。

5中全会コミュニケで「全面的に戦争に備え練兵強化を行い、国家主権、安全、発展利益を防衛する戦略能力を高め、２０２７年に建軍１００年奮闘目標の実現を確実にすること」と説明があるように、「戦争がある」という前提に立った強軍化戦略だ。中国人民解放軍が党と国家に服従し奉仕する軍隊であることを強調し、同時に「今後の特殊で複雑な環境に対応していく」ことが狙い、という。

ここで注目すべきフレーズは「国家主権、安全、発展利益の防衛の戦略能力（の向上）」だ。「国家主権、安全」の防衛は当たり前だが、「発展利益」の防衛というのは、習近平政権のスローガンでもある「中華民族の偉大なる復興」や「一帯一路」で象徴される中国の野望を邪魔する国家を対象にしたものだろう。「防衛」については中国語では「捍衛」という言葉が使われているが、これは日本語の防衛のニュアンスよりも、敢然として防衛する、断固として防衛するという強い気持ちが込められており、防衛のための攻撃も辞さずといった語感がある。

２０２０年10月31日付けの人民日報に5中全会の会議録が掲載されていたが、それによれば習近平は「安全こそが発展の前提であり、発展が安全の保障であると認識している。発展と安全をセットにした作戦戦略についての専門項目を（コミュニケに）盛り込む提案は、自ら計画し決定した」と指摘。「この2年の間、至るところで狼煙《のろし》（戦争の気配）が上がり、緊張感が高まっている。…米国など西側の軍隊が我々を干渉し、侵入して嫌がらせする頻度と強烈度が上昇している。米軍艦、軍用機が我々の南シナ海の島礁海空域に侵入し、偵察行為を行っているほか、カナダ、フランス、オーストラリアなどの軍艦も台湾海峡にやってきて、威圧を試みている。〝台湾独立派〟の活動もひどくなっており、この4年連続で米国からハープーン（対艦ミサイル）など攻撃性兵器を購入し、西側勢力と頻繁《ひんぱん》に結託して、疫病《えきびょう》を利用して独立を図ろうとしている。西部ではインドが冒険的な妄動《もうどう》をやめていないし、中印国境のパンゴンあたりの対立は依然として激化の可能性がある」などと発言したという。

こうした習近平発言のニュアンスから、建軍100年奮闘目標とは、2027年までに戦闘があると仮定した上での人民軍の戦略能力の大幅向上であろう。今世紀中葉までに世界に通用する一流の軍隊をつくるというこれまでの長期目標の前に短期目標を設定し、チャンスがあれば、中国の発展にとって脅威である勢力に打撃を加え、外国からの干渉を失敗に終わらせていこう、ということだろう。

2020年秋ごろから、人民解放軍機が頻繁に台湾海峡の中間線を越えて飛来し、その中には立体的な攻撃体制を組むための早期警戒管制機KJ―2000も含まれていた。これは、具体的に台湾侵攻作戦を想定した動きである。これに合わせて台湾空軍機も必死にスクランブル（緊急発進）を行うも、台湾軍には、すでにこうした人民解放軍の動きに十分に対応できる装備も人的余裕もない状態であることが露呈している。2020年秋、解放軍は台湾侵攻作戦を想定した東部戦区の訓練映像をミュージックビデオ風に仕立て、「もし、きょう開戦したら」という宣伝映像を国内で流し始めた。国内で、台湾武力統一世論が盛り上がることを恐れていないのだ。むしろ、そうした世論を高めて、台湾武力統一を正当化したい考えがうかがえる。

台湾統一は、もとより習近平の悲願である。福建省福州市書記、福建省省長時代、向い岸から台湾を眺《なが》めてきた習近平は、政権トップの座に就くやいなや、胡錦涛《こきんとう》政権が台湾を経済的に取り込むために封印していた「台湾統一」という表現を復活させた。それに台湾世論が反発し、ひまわり学生運動が発生、蔡英文《さいえいぶん》率いる民進党が政権を奪還すると、台湾武力統一に向けて本気で動き始めた。軍制改革を実行して7大軍区制から5大戦区制に組み替えると同時に、習近平が党中央軍事委員会主席として直接指揮を執れるように総参謀部を含む4大総部を解体した。この思い切った軍制改革が成功したかどうかは、いまだ証明されていない。実際に軍を動かして勝利する以上の証明はない。建国100周年の2049年（今世紀中葉）までに世界一流の軍隊に育てるまでのステップとして、2027年までの短期目標、2035年までの中期目標を設定し、最初のステップの2027年までに一度実戦を経験させようというシナリオが、5中全会で出来上がったと見られている。

戦争が政権の正統性を支える

人民解放軍は1927年の「南昌起義《なんしょう》」と呼ばれる武装蜂起で誕生した革命軍が基礎になっている。この頃はゲリラに過ぎなかったのが、戦闘を継続していくことで軍隊としての正統性（レジティマシー）を確立していった。共産党も元々は国民党政権下で「共匪《きょうひ》」と呼ばれたゲリラ集団であったが、国民党政権に打ち勝ったからこそ、その執政党としての正統性を確立できたのである。共産党政権は銃口から生まれた政権であり、ゲリラ戦法で勝利を重ね続け、正統性を人民に認めさせてきた。つまり、どんな手を使ってでも戦争に勝利することは、共産党政権にとってその正統性を証明する最も有効な方法なのだ。

実際、共産党政権の発展プロセスには常に戦争があった。内戦を経てようやく共産党政権が打ち立てられた翌年には、抗美援朝戦争（朝鮮戦争）に義勇軍の名目で人民解放軍を投入。中国側に20万人近くの犠牲を出したが、この戦争は、ゲリラに過ぎなかった人民解放軍の国際デビュー戦でもあり、軍の近代化の一里塚という意味では犠牲に見合う価値があった。毛沢東が終身領袖《りょうしゅう》のカリスマ的地位を得るためにも必要な戦争だったといわれている。これに味を占めた毛沢東は、自分の人気に陰りが出るたびにインドや旧ソ連に国境紛争を仕掛けてきた。もちろん、それだけが理由ではないが。

鄧小平《とうしょうへい》も、権力の正統性を固めるためにベトナムとの戦争を利用した。1979年の中越戦争、1984年の中越国境紛争は、客観的に見れば人民解放軍側の惨敗、あるいはギリギリ引き分けといえるが、国内的には大勝利と喧伝《けんでん》され、この2度の戦争経験によって人民解放軍は近代軍への転換を図ることができた。

逆にいえば、戦争をしなかった江沢民《こうたくみん》、胡錦涛はついにカリスマ性を持てずに任期を終えることとなった。習近平が毛沢東や鄧小平の境地を目指すなら「戦争は必要」ということになる。そして、習近平の長期独裁のレジティマシーを支えるもっとも効果的な戦争は「台湾侵攻」ということになる。

中国の台湾武力統一を阻む最大勢力は米軍だが、米軍の発展戦略も2027年、2028年あたりが1つの転換期とみられている。

たとえば、米陸軍近代化戦略（AMS）では、2028年までに単一の戦域で一体化された統合部隊の一部として「マルチドメイン作戦（MDO）」を実施できることを目標の1つに設置している。MDOとは、中国の言うところの超限戦（正規軍による軍事的通常戦だけでなく、外交戦、国家テロ戦、諜報《ちょうほう》戦、金融戦、ネットワーク戦、法律戦、心理戦、メディア戦など官民産業の境を超えた無制限の戦争）に対抗するための「未来の戦争」の概念だ。「米陸軍として紛争に至らなければ競争し、抑止に失敗した場合は戦い、そして勝つように相手を阻止し、勝利するために、地上、海上、空中、宇宙、そしてサイバースペースのあらゆるドメインの戦いでの迅速で継続的な一体化した統合部隊を支援する」という。

2027年に期限を切った宇宙戦や海戦における「C4ISR統合」戦略も米海軍が責任を負う形で進められている。C4ISRとは、指揮（Command）、統制（Control）、通信（Communication）、コンピューター（Computer）の4つのCと、情報（Intelligence）、監視（Surveillance）、偵察（Reconnaissance）を意味する。

ほかにも米海兵隊が2027年までに海兵沿岸連隊（MLR）を沖縄やハワイ、グアムに配備する計画などもあり、そうした米軍の発展戦略が完了する前に中国としてはアクションを起こしたい、という意味で、「2027年が目標期限」に設定されているとみられている。

ちなみにロシア軍も2027年を発展目標の1つの期限としている。2017年にプーチン大統領は「2018～2027年国家装備発展計画」を発表し、20兆ルーブルを投じて陸軍、宇宙軍、海軍の装備を一新し、2021年前に70％の兵器装備を更新するとしている。

戦争で勝てる軍隊建設計画

こうした台湾侵攻リミットを意識して、習近平政権は、軍隊建設14次5カ年総合計画を国防と軍隊の現代化のスリーステップ（三歩走）として制定した。これは建軍100年奮闘目標の青写真としての意義が非常に大きい。習近平は中央軍事委による直接指導計画編制工作を指示し、軍事機関各部と各部署のエリートを集め、合同でテーマに当たり、ハイクオリティな軍隊建設14次5カ年計画の任務を編成させるとした。

具体的には、軍事政策制度の改革を行い、党中央と中央軍事委員会の統一指導を実現するため、「中央軍事委員会国防軍隊改革深化指導チーム」を設置。このチームの包括的な指導によって改革の成果を固め、策謀システムを堅持し、さらに開拓するために、先見の明のある計画や、イノベーション発展、全体のイメージ構築や改革組織の任務体系の健全化を実施する。また専門家を主体とした工作班をつくり、改革項目の全体計画や任務リストを作成し、全体的な組織の審査評価や、中央と国家機関の関連部門との交渉、相談を行う、としている。これは軍事法律と重大法規を包括して推進し、政策の実施及び政策制度をセットとして制定発布する仕事でもあり、規定部署の力量とプロセスに応じて改革を前進させる、ということだ。

簡単に言えば、解放軍の統治・管理を、習近平を核心とする党中央がより厳密に掌握《しょうあく》し、解放軍に対する審査、評価を習近平直属のチームが行うということである。そのための組織改革、法整備はすでにかなり進んでいる。

国防法、軍隊党建設条例、人民武装警察法、海警法、現役軍官理暫定条例などの改正、立法、施行などがその例である。また合同作戦、軍事訓練、政治工作とロジスティックスなどの領域に関する政策も相次いで実施され、「中国の特色ある社会主義軍事政策制度システム」の基本フレームとした。さらに、兵役法、軍人地位権益保障法など軍事関連法律法規を次々と打ち出し、実施している。

この一連の法改正、立法の中で行われた人民武装警察法改正、海警法立法については、第1章を参照してほしい。ここで注目すべきは国防法の改正だろう。

改正国防法に追加された「発展利益」

国防法の改正は実に11年ぶりに行われ、2021年1月1日に施行された。この改正によって国防法は12章70条から12章73条となり、54条について表現が改められ、3条が削除され、6条が追加された。

この中で、第2条において人民解放軍が守る対象として、国家主権や領土などと並び「国家の発展利益」が追加された。国家の発展利益についての概念は、ほかにもおよそ4カ所で触れられている。47条では「主権、統一、領土の完全性、安全と発展利益が脅威にさらされた場合に全国または一部の動員を進める」という表現で、中国の海外権益の侵害に対し軍事動員を可能とする法的根拠とした。

この発展利益に対する脅威には、米国の経済制裁、香港問題やウイグル問題に対する挑発、華為技術（ファーウェイ）など5G企業に対するデカップリング、中国の台湾統一を阻む台湾独立派に対する寛容な態度や言論、一帯一路戦略を妨害するような言論、政策なども含まれていると中国のネットユーザーらの間で指摘されている。「発展利益」という曖昧な定義を使えば、どのような口実でも軍事動員の正当な理由になり得る、ということだろう。台湾メディア「三立新聞」は、この改正国防法について、戦争発動の口実をつくるための法改正と報じ、これによっていつでも中共は台湾侵攻が可能になった、と論評した。

このほか、▽国防活動における「習近平による新時代の中国の特色ある社会主義思想」

の指導的地位確立▽中国共産党及び国家の機構改革、国防・軍隊改革の現状と結びつけて、国家機関の国防における権限を調整し、軍事委員会主席責任制に関する規定の増加▽武装部隊の任務及び整備目標の拡充▽新型の安全保障分野の活動と利益における防衛上の必要性に着眼し、重大な安全保障分野における防衛政策の明確化▽国防教育及び国防動員指導管理体制改革の現状に基づき、国防教育及び国防動員制度の拡充・整備▽「軍人を全社会から尊敬される職業にする」ことに着眼し、軍人の地位と権利・利益に対する保護強化▽総合的国家安全保障観と習近平外交思想を貫徹し、対外軍事関係面の政策・制度の拡充——などが改正点として挙げられている。

解放軍の主体は1人っ子世代

さらに、現役軍官管理暫定条例も2021年1月1日から施行された。これは、軍の将兵の給料を平均40%引き上げることなどが含まれ、特に国境地域で任務にあたる若い将兵が受益することが狙いとされる。目的は主に2つ。解放軍内には反習近平派がいまだに多く残っているとされ、習近平としては若い将兵を中心にその忠誠心を掌握するために、こうした軍人の待遇改善に関する法整備を行っていると見られている。もう1つは、軍人の職業化、プロフェッショナル化を進め、中央軍事委員会主席（習近平）に軍の政治権限を集める一方で、解放軍は政治にタッチしない戦闘のプロフェッショナル集団とするための法整備だと言われている。

だが、一部では習近平による解放軍の「洗脳」強化策だという不穏なささやきも流れている。今の解放軍の軍官兵士は、ほとんどが戦闘に参加した経験がない。対ベトナム戦争に参加した世代が軍の高官として中枢にいるが、習近平自身は戦争経験がないために、実戦経験のある軍幹部に対しては、自分よりも兵士たちの尊敬を集めるのではないかという嫉《しっ》妬《と》心から、あまり信頼を置いていない。

むしろ、習近平が出世させる多くの将官は、軍内でも実戦経験が浅く、習近平の意向への忖度《そんたく》を第一に考える人間たちであり、習近平の軍制改革による解放軍の強軍化は、実は「幻想」だという見方がある。こうした戦争を知らない軍に対し、戦争を戦い勝つことを要求し、給与、待遇を上げ、プロ意識を育てようとしているわけだ。

しかし、実のところ、その解放軍を構成する兵士の多くは1人っ子世代で甘やかされて育てられ、実際に戦場にいけば、一日とて耐えられないのではないか、とも言われている。

習近平は2021年1月に中央軍事委員会主席の立場で1号開訓令を発動し、全軍に対して戦争準備を要求。「全時待戦」を確保し、いつでも戦争できるようにせよ、と号令を出した。だが、解放軍がいつでも戦争でき、その戦争発動の口実をつくる法整備ができたとしても、実際に戦争に勝てる軍であるかどうかは、また別である。

進む若者への洗脳

戦争を知らない1人っ子世代の解放軍を強化できるか――そこを考えてなのか、習近平政権は2021年8月、全国において高校生軍事教練大綱を新たに発布する予定だ。これは「新たな情勢」に適応するため、国防兵站《へいたん》（後勤）パワー建設を強化することが目的とされる。中国では大学生に対し軍事教練が行われてきたが、高校生に対する軍事教練の強化は、1人っ子世代のわがままで甘やかされた若者を予備戦闘員として鍛《きた》え直すと同時に、戦争が近づいている国際状況を国民に自覚させる狙いがあると見られている。

中国教育部と軍事委員会が発表した「高校生段階での学生軍事教練大綱」は建軍記念日の2021年8月1日に実施され、2003年に発表された学生軍事教練大綱を廃止するという。すでに2020年あたりから、一部地方で小学校でも軍事教練が導入されたことがニュースとなり、軍事教練の若年化が進んでいる。これは中国国内でも親世代からは賛否両論が上がっていた。

この流れを全国的に強化したのが今回の大綱発表といえる。

具体的には、高校性の段階で学校において基本的な軍事知識と軍事技能を体得させる。

教学時間は7日から14日で、7日間56授業時間より短くてはならない、という。軍事知識部分には習近平の軍事思想が含まれる。また軍事技能は隊列動作のほか、軽武器射撃、投弾、戦術動作、格闘基礎及び軍事体育と衛生、救護などが含まれる。

これについて、在米の華人民主化活動家・胡平《こへい》が「ボイス・オブ・アメリカ」に「恐らく、高校生たちに命令に従い服従することに慣れさせるのが大きな狙いだろう」とコメントしている。実際に戦争に役立つ予備戦力に鍛え上げることは無理でも、高校生たちを洗脳するには効果的だということだ。

だが別の在米華人評論家・李燕名《りえんめい》は、「目下のインド太平洋の緊張情勢、とりわけ台湾海峡の緊迫を見れば、中国共産党が台湾に対して干渉せよという世論はますます強くなっている。実際に戦争を仕掛けるか否かにかかわらず、戦争準備を考慮せざるを得ない状況になっている」として、この動きに注目している。

習近平政権が、青少年の軍事教練を再び重視し始めたのは、毛沢東が青少年の洗脳に成功して、宣伝戦によって国内矛盾の矛先を政敵や海外に向けた歴史を見習った、という見方もある。

中国のインターネットブログにハンドルネーム「風之軽語」が寄稿した内容によると、「軍事教練期間、学生はスマートフォンなどの通信手段をすべて取り上げられ、情報真空状態に置かれ、一方的に共産党のイデオロギー教育を注がれる」という状況が解説されていた。教官は軍事パワーへの崇拝、民族主義的な扇動《せんどう》言論、軍国主義思想教育のシャワーを思う存分浴びせるのだ。

中国人民日報傘下のタブロイド紙『環球時報』はこのテーマについて、世論調査のデータをもとに、この5年の間に、中国の若者が西側に対する視線が対等になってきている、と評価。かつては「憧れ」の視線が主流だった西側世界への見方は、今や3割にまで下がり、「対等の目線、あるいは俯瞰《ふかん》の目線が4割を超えるようになった」という。これを、人民日報は「中国の若者たちの西側社会に対する再評価時代に突入した」と論評していた。

だが、この中国の若者の西側社会に対する「憧れ」も「対等」「俯瞰」の視線も共に、西側社会を深く知った上での視線ではない。むしろ、習近平政権になってイデオロギー統制と情報統制が強化されたことで、それだけ青少年に対する洗脳が進んだということかもしれない。

強化される兵士管理

中国の兵役法の規定によれば、毎年12月31日時点で満18歳以上22歳未満の男性に一般兵士の応募資格がある。農村の貧しい学歴のない若者は兵役に応募することで、重機やトラックの運転資格などを身に付け、退役後も比較的良い就職の割り当てがあった。兵士になることで、農村に縛り付けられ一生、農民の暮らしをするより、よほどよい未来が待ち受けている。

だが今は、農村の子弟ですら大学に行くのが当たり前となり、出稼ぎによる現金収入を得て、都市部で定住する道も開けた。しかも1人っ子政策で兄弟がいないことから、親もわが子を解放軍兵士にすることはだんだん望まなくなっている。そういう意味では、解放軍はかつてほど人材が集まっておらず、たとえ解放軍に入っても、もともと共産党への忠誠心から入隊している者は少数派だ。

元解放軍海軍司令で中佐だった在米亡命華人の姚誠《ようせい》は、中国共産党軍人はもともと戦争をしたいなどと思っていない、という本音を2020年9月30日の「ボイス・オブ・アメリカ」上で語ったことがある。1人っ子世代の多い現在の解放軍には訓練の厳しさが嫌で逃亡する兵士も多く、実はまともな開戦能力などない、という。ただその真相を習近平自身や、その取り巻き軍人自身が理解していないことが解放軍の最大の弱点である、とした。

姚誠に言わせれば、習近平だけが1人、夜道で口笛を吹きながら歩いているようなもので、「中共が強大で解放軍が強いという風に見せかけているだけだ」という。習近平政権は今、軍人の給料をアップし、洗脳教育であたかも解放軍が一流の軍隊の道を歩んでいるように、兵士たちに錯覚させ、軍や党幹部にもそう見せかけているが、こうした見せかけの状況は長くは持つまい、としている。

果たして解放軍の実力がどれほどのものなのかは、実際、戦争になってみなければわからないところは大きい。解放軍が戦争を知らない甘やかされた1人っ子世代の兵士で占められ、実戦になれば皆逃げ出しかねない、というならば、台湾軍も日本の自衛隊もまた戦争を知らない、甘やかされて育った世代であろう。だから私はこうした言説を信じて、解放軍をなめてはいけない、と思っている。

ただ、習近平政権が恐ろしいほどの勢いで解放軍に対する管理統制を強化し、それが兵士一人ひとりにまで及んでいる、という点には注目したい。

2020年12月27日の中国国営放送のニュース専門チャンネルCCTV13などでも報じられていたが、解放軍はすでに兵士装備にいわゆる「新型単兵デジタル作戦システム」というものを導入している。

CCTVは、チベット軍区の某合成旅団がこのシステムを使った演習の様子をリポートしていた。すべての兵士につけられたデジタル端末装備によって、兵士の位置、タンク、ヘリやロジスティックスの動きがモニター上に映し出され、指揮官の指示が兵士個人に伝えられて作戦が展開されている。チベット山岳地帯のような地形の入り組んだ戦場で、身体能力の高い兵士と軽型機動の合成旅団による立体的な作戦がこのシステムによって実現する、と非常にポジティブに報じられており、山岳地域の合成旅団の9割以上にこのシステムが導入されているという。

だが、このシステムは逆に言えば、戦場にいる兵士個人を完全管理するものであり、敵前逃亡や脱走を不可能にするものである。さらに、恐ろしいことは、指揮官が必要と判断したときは、兵士の命をリモートコントロールで奪うこともできるという。重傷を負ったときに苦しませないためであったり、捕虜になって拷問にあう危険を回避したりする目的のほか、情報漏洩《ろうえい》を防ぐためだという。同様のシステムは米軍などにもあるが、米軍の場合は機密保持のため、機器のデータだけを破壊して兵士の命は危険にさらすことはない。

この「非人道的」なシステムを官製メディアであえて公開することの意味は、恐らく解放軍内の忠誠心の薄い若い兵士に対して、逃亡が不可能であること、作戦命令に背くような行動や、忠誠に疑問が生じれば、いつでも命が奪えるのだという恫喝《どうかつ》の意味もあるのではないか、などと囁《ささや》く声もあった。

中国の意思を挫く覚悟を示せ

解放軍の実力がどれほどのものか、あるいは習近平が自分で喧伝しているほど解放軍を掌握できており、その将兵たちが習近平と党と国家のために命を捧げる忠誠心を備えているのかどうか、私にはわからない。ただ、1つ言えることは、「文革脳」といわれるほど毛沢東の影響力を受けた習近平は、戦争を起こすことのデメリットを恐れていない、ということだ。解放軍の掌握度、忠誠を試す上でも、一度戦争を実戦する必要性を感じており、その可能性として筆頭に挙げられるのが台湾侵攻であろう。

たとえ解放軍内に習近平に対する不満や不服従の芽があったり、軍部や兵士個人が戦争を望んでいないとしても、徹底した言論統制、管理強化と洗脳によって、軍民ともに戦争気運を盛り上げ、戦争のための法整備と準備を着々と進めている。歴史は繰り返されるという言説に従えば、ロシアがソチ五輪後にクリミア併合を行ったように、2022年の北京冬季五輪直後に台湾侵攻を行う可能性もゼロではない。

いや、戦争の定義を通常の戦争の枠でとらえない「超限戦」と考えるならば、もうすでに米中太平洋戦争は始まっている。そして日本は米国の同盟国として、否が応でも引き込まれざるを得なくなっている。

もしこの戦争の危機を避けたいと思うなら、習近平とその取り巻きの好戦的な解放軍軍人たちに、「台湾侵攻を行えば必ず失敗する。それは中国共産党体制の終焉《しゅうえん》に直結する」ということをわからせなければならない。そのためには、日本には軍事的に十分な装備や練度の高さがあり、台湾を守り切る実力があることを見せつけることは1つの手段である。超限戦的な視点でいえば、外交戦、国家テロ戦、諜報戦、金融戦、ネットワーク戦、法律戦、心理戦、メディア戦のあらゆる方法で中国世論を揺さぶり分断し、共産党と解放軍が内包する矛盾を暴き、中国の戦争の意思を挫《くじ》くことだろう。

そのために一番必要なのは、日本人としての覚悟である。中国の管理強権国家の実像をきちんととらえて、その脅威と戦う覚悟を日本人が持つことから始めねばならない。

3 習近平独裁への文革が始まった

吹き荒れる恐怖政治

習近平政権の強権姿勢は、何も日米西側の敵対勢力に向けられたものばかりではない。党内の管理統制も習近平政権になって急激に厳しくなった。特に2018年に習近平が任期2期目に入って以降、より鮮明になっている。それは2018年の全人代で中国憲法が改正されて、国家主席の任期制限条項が撤廃されたことで、一気に党内で習近平のやり方に対する不満が高まったためであり、これを抑え込むために、より強硬な党内異見人士（習近平に同調しない党員）の抑え込みが必要になったからだ。

恐らく、2022年秋に迎える第20回党大会で、習近平政権が継続するか否かが、ポストコロナの国際社会の行方を決める大きな要因になる。だが第20回党大会で習近平がそのまま任期継続となるためには、まず党中央の意向を固めなければならず、そのためには党内の異見人士を徹底的に排除しなければならない。そこで習近平に批判的な党員で目立つ人物をあえて残酷に徹底的に潰して見せしめにし、党員官僚たちを恐怖で支配するやり方を打ち出した。

非常にわかりやすい例は、王岐山国家副主席の親友である古参党員の任志強《にんしきょう》に対し、2020年9月、懲役18年という重い実刑判決を下した件だろう。表向きは収賄罪などの経済犯罪で裁かれたことになるが、本当の理由は習近平の新型コロナ肺炎への対応の悪さを名指しで批判し、習近平を「皇帝を名乗り続ける裸の道化師」と揶揄《やゆ》した論評記事を、海外華字論評サイトに投稿したことにあることは誰もがわかっている。

中国共産党中央の指導者任期については「七上八下」と呼ばれる不文律がある。党大会最終日を迎えるとき、年齢が67歳であれば任期継続、68歳であれば引退だ。総書記任期に明確な規定はないが、こうした年齢制限もあって、これまでは任期2期を超えて党中央の要職が継続されることはなかった。江沢民政権以降、党中央総書記と兼任が通例となっていた国家主席の職位はもともと2期までと憲法で定められていた。習近平は2022年6月で68歳になるので、その秋の党大会では本来なら引退だ。

こうした定年制は集団指導体制とともに鄧小平が打ち立てたシステムだった。文化大革命や天安門事件を経験した鄧小平は、大衆動員や人死を伴う権力闘争によって共産党体制が崩壊しかねないことに気付き、2期10年のペースで党と国家の最高指導部が平和的に権力移譲できるシステムを考案していった。このシステムによって江沢民政権、胡錦涛政権は、それなりの権力闘争を引き起こしたが、少なくとも大衆を巻き込み経済発展を犠牲にするような動乱式権力闘争を避けることができた。

それが中国の改革開放の成功の秘訣《ひけつ》であり、世界第2位の経済大国になり得た最大の要因だと見られている。権力移譲のたびに動乱が起きるような国家に外国企業が安心して投資できないのだから。

だが、習近平は自らの長期独裁政権を打ち立てるために、この鄧小平式集団指導体制を破壊する決意を固めている。本来、政治局常務委員メンバーは序列こそついているが、その権力は対等であり、多くの政策は協議と多数決によってシステマチックに決定されていった。

　また、政治局メンバーそれぞれが専門分野の担当を持っており、一種の責任分業制度で内政外交が行われてきた。たとえば江沢民政権時代、江沢民総書記と朱鎔基《しゅようき》首相は仲が悪かったが、江沢民は朱鎔基の経済政策には横やりをほとんど入れなかった。

　だが、習近平はすべての権限を自分に集中させるために、強引な機構改革を進めていった。本来、李克強《りこくきょう》首相が主管する経済政策についても、まったく相反する指示や要請を国務院の頭越しに出すなど、現場の官僚たちを混乱させる事態は何度もあった。

　徹底したトップダウン方式「頂層設計」を打ち出し、現場のフィードバックを取り入れにくくしてしまった。現場の状況を知らないトップが政策を一方的に打ち出して徹底させようとすることは、たとえば一帯一路戦略での各地のプロジェクトの頓挫《とんざ》や、新型コロナ肺炎が武漢で発生したときの初期対応の遅れを引き起こしたと言われている。

　また習近平は、自分よりも優秀そうな若手政治家、官僚を抑え込み、失脚させ、さらにもっと若手に対しては、洗脳に力を入れて習近平に忠誠を誓う従順な人間をより多く育てようとし始めた。

　こうした党内体制の変化によって、共産党内の官僚政治家は不満を抱えながらも恐怖に支配され、「命令されない仕事はあえてしない」サボタージュ現象や、習近平の歓心を買うために虚偽の報告をしたり、不都合な事実を隠蔽《いんぺい》したりするという傾向が一層強くなった。

一方、習近平自身はお世辞を受けても、部下たちが内心は自分に批判的ではないかという被害妄想《もうそう》に陥り、「両面人（ダブルフェイス、面従腹背《めんじゅうふくはい》）」探しに躍起になった。官僚たちは自分がダブルフェイスでないことを証明するために、他者の悪口を密告するようになり、それがさらに疑心暗鬼を生み、党内の風通しは以前に比べて格段に悪く鬱屈《うっくつ》したものになった。

誰もものを言わなくなった

かつて、党中央委員会直属のエリート官僚養成学校である中央党校教授を務め、定年退職したのち、米国に亡命した蔡霞《さいか》は「ラジオ・フリー・アジア」（ＲＦＡ）のインタビュー（２０２０年8月17日）にこう語っている。「２００１～２００６年ごろ、党内では活発な議論があった。理論的な研究を通じて党内の民主主義を促進する。中国における政治システムの問題を解決し、社会主義経済と市場経済を完全に調和させる。皆がこれを望んでいたためだ。だが、彼（習近平）が（最高指導者に）就任したあと、議論は徐々に縮小していった」「高度な監視技術は、新疆《しんきょう》ウイグル自治区やチベットだけに利用されているのではなく、党内の中堅や高官への監視にも使われている。習主席は2013年、官僚たちに同窓会や地方組織の設立を禁止する方針を発表した。仕事帰りの集まりも禁止にした。そのような集まりが、党内で派閥が育つ土壌となるのを危惧《きぐ》していたからだ」

ある党中央人士は語る。「かつての中南海（共産党の中枢）では、多少の冗談を言ったり、本音を漏らしたりできる空気があったが、今は皆が疑心暗鬼《ぎしんあんき》で戦々恐々として、誰も余計なことは言わなくなった。党内の空気が非常に重苦しい」と。

2019年秋の第4回中央委員会総会、2020年秋の5中全会（第5回中央委員会全体会議）のいずれでも、習近平は後継者となる若手官僚政治家を党中央政治局常務委員会に入れる後継者人事を行わなかった。

胡春華《こしゅんか》、孫政才《そんせいさい》は2017年の段階まで有能な次期指導者として期待が寄せられてきたが、孫政才は2017年夏の段階で汚職容疑で失脚させられ、今は無期懲役で服役中。個人の財産は没収され、永遠に公民権が剝奪《はくだつ》された。孫政才は表向き習近平にあからさまにすり寄る言動で知られていたが、実は面従腹背の「両面人」だと官製メディアでこき下ろされた。

一方、用心深い胡春華は汚職で追及されるようなスキがなかったが、いまだ政治局常務委員会入りを果たせず、国務院副首相という立場で目立たぬように実務に徹し、習近平に対しては従順な姿勢を見せている。

鄧小平式の集団指導制ならば、少なくとも胡春華を含む2人の若手政治家を遅くとも2020年までに政治局常務委員会入りさせ、後継者として実務を補佐させて党と国家の指導者として育成しなければ、政権の禅譲《ぜんじょう》はうまくいかない。

失脚した孫政才のかわりに、後継者候補として習近平に忠誠を示す陳敏爾《ちんびんじ》（重慶市書記）や李強《りきょう》（上海市書記）などの名前が挙がったが、彼らも出世への意欲を見せていない。欲を見せると、自分自身がトップに君臨し続ける野望を持つ習近平に嫌われかねない、そうなれば潰されるかもしれない、という恐怖心があると言われている。

現状のままでは、後任となる次世代指導者が育っていないという「建前」で、習近平が党中央及び国家の指導者地位を引退しない可能性が濃厚となっている。そして、次に習近平が望むのは、党主席という、かつて毛沢東が就いていた党内最高職位を復活させ、毛沢東のように終身指導者として君臨したい、ということだろう。

独裁に法的根拠を与える工作条例

習近平は2022年秋の第20回党大会で引退せずに、権力の座に君臨するため、その法的根拠をつくろうと着々と準備を進めている。その目玉の1つが党中央委員会工作条例だろう。

2020年9月28日の政治局会議で「中国共産党中央委員会工作条例」が審議され制定された。5中全会より2週間前の10月12日にその全文が公表されている。

国営通信社、新華社の報道によれば、中央委員会工作条例は「習近平同志を核心とする党中央権威と集中統一指導の必然性への要求を固く守るもの」「中国の特色ある社会主義制度、国家統治システムと統治能力の現代化推進における重大な措置」であり、党中央の指導的地位、指導体制、指導者の職権、指導方法、決策の配置などに関して全面的な規定を定め、中央委員会の任務強化のための基本的なルールを提供するという。

9月28日の政治局会議では、この条例について、〝党規約と同等の党内法規〟としての拘束力を持つことを要求しており、「4つの意識」(2016年に習近平が提唱した政治意識、大局意識、核心意識、看斉《かんせい》意識＝中央を見習う意識)、「4つの自信」(中国の特色ある社会主義の道へ進める自信、理論的自信、制度的自信、文化的自信)、「2つの維持」(習近平を全党の核心とすることを維持、党中央の権威と集中統一指導の維持)を確実なものとするために、全党員が自らを厳しく律して遵守すべし、としている。全党員、幹部がこの「条例」精神を強く自覚し、条例をしっかり守って、党と国家の各項目の任務に従事せよ、という。早い話が、習近平独裁に根拠を与える党内法規である。

条例の注目点としては、まず第3条「中央委員会は中国の特色を持つ社会主義の偉大な旗を高く掲げ、マルクスレーニン主義・毛沢東思想・鄧小平理論・三個代表の重要思想・科学的発展観・習近平新時代の中国の特色のある社会主義思想を指導とし、先頭に立って『4つの意識』を強め『4つの自信』を固め『2つの維持』を成し遂げ、初心を忘れず、使命を牢記《ろうき》し、全局を全面的に掌握し、各方面の心と力を合わせ、正しい政治的立場と政治の方向を保持し、社会主義の現代化された強国を全面的に打ち立てるため全党・全軍・全国各族人民と団結・指導し、中華民族の偉大な復興という中国の夢を実現するため怠りなく奮闘しよう」の部分だ。

第18回党大会の政治活動報告の中の文言と被《かぶ》るが、これを党中央委員会が遵守すべき条例の中に組み込み、習近平（新時代の中国の特色ある社会主義）思想を毛沢東思想、鄧小平理論と並ぶ固有名詞付きの指導思想・理論とはっきり位置付けた。習近平の名前が入ることで政治局常務委員が対等であるという原則は崩れるわけだ。

党内には根強い抵抗も

さらに見るべきは、第5条「中央委員会、中央政治局、中央政治局常務委員会は党の組織体系での大脳、中枢であり、中国の特色のある社会主義事業を推進する中で方向を把握し、大局を考慮し、政策を定め、改革を促進するものである。全党と全国に関連する重大な方針と政策問題は、党中央のみが決定と解釈を下す権限を持つ」。

第7条「各級人民代表大会、政府、政治協商会議、監察機関、審判機関、検察機関、武装勢力、各民主党派と無党派人士、人民団体、企事業単位、基層大衆による自治組織、社会組織などもすべて自覚的に党中央の領導を受けなければならない」。即《すなわ》ち党内政治のみならず国内政治の重大な方針・政策決定は党中央のみが決定権と解釈権を持ち、党外人士、一般人による自治組織、社会組織すべては党中央の指導に従うものとした。

第20条「党中央は、目標を掲げて舵を取り、党と国家の取り組みを進むべき方向へといざなう。政治的舵取りを強化し、中国の特色ある社会主義の道を揺らぎなく進む。思想的舵取りを強化し、習近平による中国の特色ある社会主義思想で全党を武装し、人民を教育する。気風的舵取りを強化し、真理と人格の強大な力で党と軍と人民の気持ちを1つにまとめる」。この部分で、習近平の指導思想が全党、軍、人民を取りまとめるものと位置付けられた。

第24条「中央委員会全体会議は少なくとも年1回行う。会議議題は中央政治局が一定の範囲内で意見を求めた後に確定する。……中央委員会委員や候補委員を党内の職務から外したり、党籍を保留した上で観察したり、党籍を剥奪したりして処分するには、中央委員会全体会議の3分の2以上の多数で議決しなければならない。中央委員会全体会議の閉会期間中は、先に中央政治局が処理を決定しておいて、中央委員会全体会議が開催されたときに追認するという形でもよい」。これはいわゆる「党内クーデター」(中央委員会全体会議などで、反対派が密かに多数派工作をして、国家指導者がすでに打ち出した路線を変更させたり、政策の失敗を認めさせたりして失脚に追い込むこと。華国鋒《かこくほう》が失脚した第11期3中全会がその典型)に中央委員会全体会議が利用されてきた歴史を踏まえての牽制かもしれない。長老たちが裏で糸をひく中央委員会全体会議を開かせないようにし、政治局権限を強めた。

第25条「中央政治局会議は一般的には定期的に招集され、重要な状況があればそれに応じていつでも中央政治局会議を招集できる。議題は中央委員会総書記(習近平)が確定する。中央政治局会議は委員の半数以上の出席で招集できる。必要があれば関係者を会議に出席させるようにする。中央政治局会議で問題を決定するときは、十分に討論し、多くの事項に及ぶときは逐一順番に討論を行い決定する」。

第26条「中央政治局常務委員会会議は一般に定期的に招集され、重要な状況があればそれに応じていつでも招集できる。会議議題は中央委員会総書記が決定する。……」。これも中央政治局会議、中央政治局拡大会議において「宮廷クーデター」を起こさないための予防措置と見られる。政治局常務委員会も含めて、議題決定の権限はあくまで総書記である習近平だとした。

第31条「中央委員会、中央政治局、中央政治局常務委員会のメンバーは必ず『2つの維持』を根本的政治要求として、『2つの維持』を掲げて、党中央政令がスムーズに実施され、禁止命令もしっかり行われ、党中央の政策実施は効果が見えるようにしっかりしなければならない』。これは、「習近平を全党の核心とすることの維持、党中央の権威と集中統一指導の維持」という「2つの維持」に、中央委員会の平メンバーから政治局常務委員まで絶対的な政治要求とすることを明文化しており、党員が習近平に逆らえない、という内容になっている。

この条例が制定され、公布されるまでのタイムラグを考えると、公布までに党内ではかなり抵抗が生じたことは想像できる。

2018年3月の強引な憲法修正から2019年の香港デモ、それに続く台湾総統選挙での蔡英文再選、2020年に入ってからの中国の隠蔽によりパンデミックを引き起こしたとされる新型コロナ肺炎問題、これに伴う米中関係の先鋭化とグローバル・サプライチェーンからの中国デカップリング、これらをすべて反映した中国経済の苦境……こうした問題に最高責任者である習近平の政策指導の間違いを糺《ただ》す声は、いかに恐怖政治で抑え込もうとしても、抑え切れるものではない。

今もときどき、思い出したように高まる李克強人気は、こうした党内の反習近平派の仕掛けだと考えられている。これに対して、習近平はヒラメ官僚学者の典型でもある王滬寧《おうこねい》（政治局常務委員、宣伝・イデオロギー担当）を通じて、中央メディアに李克強の記事を習近平と同じ面に大きく載せないよう命じたり、李克強の評価される活動や発言をあえてメディア上で封殺させたりしている。これは習近平の指示というより、第20回党大会で李克強が引退すれば首相の座に就《つ》けるかもしれない、と狙っている王滬寧の習近平に対するラブコールだ、という見方もある。

党規約と矛盾する

こうして習近平独裁を目指して制定された党中央委員会工作条例は党規約と同等の扱いと位置付けられているわけだが、党規約とは若干の矛盾が含まれている。

党規約は憲法よりも上位にある中国共産党の絶対法だ。憲法を改正しても、中国共産党政治においては憲法よりも党のルール「党規約」が重視される。党のルールには、明文化されていない慣例、暗黙のルール、というものも多い。

すでに述べた「七上八下」の引退ルールは党規約にないが、暫定規則の中に「同じ党職に3期連続して就いてはならない」といったルールがある。また、党規約中には「いかなる形の個人崇拝も禁止」と言明しており、習近平の核心維持を含めた「2つの維持」は厳密に言えば、自らの神格化宣伝、個人崇拝宣伝という点で、党規約の内容と矛盾する。

また、党規約では下部組織は上部組織に服従、少数は多数に服従というルールが決められており、最高指導部の政治局常務委員会も、総書記が絶対的権力を持つものでなく、多数に従わねばならない。つまり個人独裁は否定されている。

第13回党大会1中全会（1987年）で打ち出された議事規則の中に、「総書記と他の政治局委員の職位は対等であり、総書記はただ議長を務めるだけである」ということも言明されている。従って〝核心〟の定義によっては、党中央委員会工作条例と党規約が矛盾して党内政治文書として存在する、という言い方もできる。

2016年1月に党は「地方党委員会工作条例」を制定したが、党中央に対するこうした全面規定の制定は中国共産党史においては初めてのことである。条例でありながら党規約（党章）と並列して書かれており、その重要性は相当高いものとして発表されている。

これは党内に内在する隠れた矛盾を反映していると言えるだろう。

趙紫陽《ちょうしよう》の政治秘書であった鮑彤《ほうとう》が「ラジオ・フリー・アジア（RFA）」のインタビューに答えて、この条例についてこう語っている。「もし、この条例が習近平を党中央の核心とするということを正式な党の文献として肯定するならば、この条例が撤廃されない限り、習近平は恐らく本当に永遠の中央委員会の核心であり続けるだろう」。

では、「核心」とはなにか。鮑彤はこう言う。「核心という言葉を最初に使ったのは鄧小平だ。鄧小平はこう語っている。核心とは何か。実は定義はない。その発言がすべてを決定する、それが核心だ。過去の毛沢東が核心であった。毛沢東がすべてを決めた。毛沢東が死んだあとは、私が核心だ。私が決めた。その後は君が核心だ。君が決める。このように、核心は決定する、ということだ。私は核心をそのように考えている」と。

核心をこう考えると、習近平は今後の中国共産党に関する一切を自分が決定する権力を持つために、この条例を制定したようだ。条例には「個人の指導的地位の強化」を盛り込んでおり、民営企業や大学の知識人に対するコントロールも含めて、あらゆる方面の決定権を掌握する意欲を示している。

習近平の敵は誰か

習近平は恐怖政治による「寒蟬《かんせん》効果（萎縮効果）」で、党内の異見分子を排除し、黙らせ、憲法改正や党中央委員会工作条例などの法整備によって、習近平独裁への道を少しずつ固めている。第20回党大会で党規約を改正して、党主席の職位を復活させれば、毛沢東以来の終身独裁者が中国に登場するだろう。

中央党校の元教授の蔡霞はかつて、共産党をゾンビだと形容し、習近平はマフィアのボスにすぎない、と批判したことで党籍を剝奪されたのだが、同じように習近平のやり方に不満を抱えている党員はまだ多くいると思われている。実際、2020年7月、米国・ヒューストンの中国総領事館がスパイ拠点として閉鎖された背景には、総領事館内部の人間の米国側への情報漏洩があった。

このことから見ても、党内のアンチ習近平勢力は、声こそ上げないが、面従腹背の両面人（ダブルフェイス）の姿で、党中央内にも潜んでいると想像できる。

習政権を批判してきた任志強が懲役18年の重刑判決を受けたことで、少なくとも紅二代《こうにだい》（親たちが革命に参加した共産党サラブレッドグループ）は習近平の敵に回った。習近平自身がもともと習仲勳という革命世代の元老の子供である紅二代に属していたのだが、習近平はもうすでに紅二代の主流メンバーから同じ仲間だとみなされていない。

ただ、彼らの多くは官僚政治家ではなく、自分たちの地位を活用して有利に事業を展開できる企業家、実業家の道を選んでいる。任志強ももともと不動産企業家だ。中央委員でもない彼らは直接的に習近平を政権トップの座から引きずり下ろせるような内部工作ができる立場にない。せいぜい習近平から距離をとり、早々に家族や財産とともに海外移住の道を探るくらいだろう。

　では、党中央政治局内で習近平と明らかに路線で対立しているように見える李克強や汪《おう》洋《よう》、第18回党大会以降、明らかに関係が悪化している王岐山などが連携して習近平に引導を渡すことはありうるのか。

　習近平より若い李克強や汪洋は一応、第20回党大会時点で、年齢的には政治局常務委員の引退年齢には達していない。習近平を引退させて、現副首相の胡春華ら若手を政治局常務委員会入りさせ、2人が2年ほど教育係に徹して胡春華たちに実践を積ませれば、第21回党大会の段階では総書記、国家主席になることは可能かもしれない。

　だが、中国が置かれている状況は国際社会においても、内政においても非常に厳しい。習近平を追い落としても、この体制を立て直すことは難しく、米中関係が好転することも、中国経済が再び高度成長期に転じることも困難だろう。李克強の立場から考えれば、第20回党大会で引退して、早く首相の重い責任から逃れたいかもしれない。

　胡春華とて、これまでの習近平政権が引き起こした米中関係の悪化や債務バブルリスクの後始末を押し付けられるだけの損な役回りを引き受けたくはないかもしれない。このまま、習近平には最高責任者として、最後まで中国の行方に責任を負ってもらいたい、と考える党中央幹部も多かろう。そう考えると、この「裸の皇帝」の行方を阻《はば》む政治勢力は、今のところない、ということになる。

だが、ならば習近平は、なぜそんなに疑心暗鬼で、過剰なまでの恐怖政治を行い、党内への管理監督を強化しているのだろう。

私は最近、習近平が恐れているのは個別の官僚政治家や政敵ではなく、「人民」ではないか、という気がしている。

この人民が、たとえば習近平への不満を表明するために、李克強をわざと褒《ほ》め上げることがある。習近平その人に対する批判は、検閲にもひっかかり、ときに「挑発罪」など訳のわからない罪で刑事罰対象にもなるので、なかなか言えない。その代わり、李克強や王岐山を素晴らしい政治家だと褒め称えれば、コンプレックスの強い習近平自身、自分が比較されてダメ出しをされているように感じる。

李克強や王岐山自身に、習近平と対立し長期独裁政権確立の野望を阻む気がなくとも、習近平政権になって悪化した経済や、統制強化、国際環境に不満を感じる庶民が、李克強ら習近平の「政敵」と見なされる政治家をダシにして、暗に習近平批判を行うのである。党内に自分を引きずり下ろすような実力のある政敵がいてもいなくても、習近平は心穏やかではいられないのだ。

発禁になった温家宝のエッセイ

では人民が敵だとしたら、どうするのか。もちろん発達したIT技術と人工知能、監視カメラを駆使した監視システム、インターネット統制によって人民の自由な言論を封じるというやり方はすでに実施され、年々強化されている。また、見せしめ的に、人権派弁護士や公民運動家や開明派の学者らを大量に逮捕し、激しい拷問にかけたり、異様に重い刑罰を科したりして、大衆に体制批判を行うことの恐怖心を浸透させてきた。

だが、14億人という人口を長期間、完全にコントロールすることに不安が生じないとも限らない。そこで、習近平政権は批判世論を封じ込めるだけでなく、世論を誘導するテクニックを研究し続けている。これは毛沢東時代の中国共産党の伝統的な手法でもあった。一部人民を洗脳し、礼賛させ、熱狂させ、人民と人民を分断し、戦わせる。人民同士を相互監視させ、相互に批判させ相互に殺し合わせれば、人民が一致団結して為政者に歯向かう余裕もなくなる。いわゆる文化大革命だ。

2021年に入って、ちょっと興味深い事件があった。

2021年の清明節（中国のお盆に相当。墓参りをして故人を偲《しの》ぶ日。2021年は4月4日）に合わせて、元首相の温家宝《おんかほう》は自分の母親の思い出を4回（3月25日、4月1日、4月9日、4月15日）にわたって『マカオ導報』に寄稿した。だが、この連載記事は、どうやら習近平の逆鱗《げきりん》に触れたようで、ネット上では、ＳＮＳで転載が禁止され、事実上の閲覧制限が課された。

タイトルは「我が母親」。苦労した母への愛情があふれたエッセイだ。だが、その含むところは多層的で、温家宝自身と母親の名誉、紅二代（革命世代の子弟、共産党貴族）との矛盾・確執、中国が進む道と温家宝自身の理想が乖離《かいり》していくことについての現政権への不満……などが読み取れる。

温家宝は胡錦涛政権時代、「親民宰相」と呼ばれた庶民派の総理だった。２００８年５月12日に四川大地震が発生したときは真っ先に現地に乗り込んで陣頭指揮を執った。被災した子供たちが救助される現場を雨の中で見守り、助かったときに涙を流した様子が中国官製メディアで報じられた。「演技」「ハリウッドスター」と揶揄《やゆ》する声もあったが、豊かな喜怒哀楽の表情を見せる温家宝は、首相としての実績はともかく、庶民には人情味があると人気があった。

その温家宝のエッセイが発禁扱いになった理由について、華字ネットメディア『多維ニュース』（中国の対外宣伝メディアとみなされている）に掲載された論評は、温家宝と文革との関係を取り上げた。論評記事のタイトルは「母を偲ぶ文章が発禁に　温家宝はなぜ文革を忘れられないのか？」だ。

温家宝は「我が母親」の中で、文革が今日に至るまでの政治運動に影響を与えているとし、温家宝一家自身、文革期間に災難に遭ったことを書いている。たとえば温家宝の父親は1959年に歴史問題で教師の職を追われ、文革期には吊し上げを食らい、学校で軟禁され、給料も出なくなり、『大字報』と呼ばれる政治的壁新聞が家の門に貼られ、野蛮な〝尋問〟に遭い、造反派に殴られていつも顔が腫《は》れていたという。

『多維ニュース』の論評記事はこう語る。「温家宝は恐らく文革に何度も言及した唯一の中共指導者だ」。温家宝はかつて公開の場で、「文革の錯誤がまだ完全に消えていない。政治体制改革は成功しておらず、文革は再び起こり得る」と警告していた。

具体的に思い出すのは2011年、当時の重慶市書記だった薄熙来《はくきらい》が重慶モデルをぶち上げて絶好調だったときに、温家宝は中南海で香港の政治元老、呉康民《ごこうみん》と単独で会見し、「中国の改革が困難である主な理由は、封建制度の残滓《ざんし》と文革の遺毒である」と語っていたことだ。温家宝のこの発言は呉康民を通じてメディアに暴露され、大きな反響を引き起こした。薄熙来が文革期に紅衛兵の一員だったこと、重慶で起きている「打黒唱紅」（マフィアを打倒し革命歌を歌う）という大衆動員型の政治キャンペーンが、非常に文革に雰囲気が似ていることなどから、「文革の遺毒」とは恐らく薄熙来のことだと誰もが思った。

また2012年3月、温家宝は国務院総理としての最後の記者会見でこう語っている。

「文革終了後、中国共産党は歴史的決議を行い、改革開放を実施した。しかし、文革の錯誤と封建時代の影響はまだ完全に消えていない。今後、また生産分配が不公平になり、汚職腐敗問題などが起こるだろう。これらの問題を解決するには、経済改革を行うだけでなく、政治改革を行わねばならない。特に党と国家の指導制度の改革が必要だ」「政治改革が成功しなければ、経済改革は最後まで行えない。すでに獲得した成果も再び失うことになり、新たな生産の問題は根本的に解決できず、文革の悲劇が再び繰り返されるかもしれない」

第18回党大会（2012年11月）の2カ月前、温家宝は清華大学で講演を行い、やはり文革について次のように言及している。「中国が大躍進を行い、人民公社がゆがんだ道を行き、文革という過ちを犯した。……改革開放は継続して前進せねばならず、後退できない」「改革開放こそが国家の未来と希望に関与し、民族の前途と運命に関与するのだ」。

温家宝は、文革後、初代党中央総書記として政治改革を推進しようとした胡耀邦《こようほう》に中央弁公庁主任として仕えたこともあり、胡錦涛と並んで胡耀邦信望者の開明派政治家だ。胡耀邦失脚後は趙紫陽の部下となり、趙紫陽が失脚した後は江沢民にも仕えたという点では、イデオロギーよりも実務重視の官僚気質と言えるが、少なくとも文革の過ちは二度と起こしてはならない、という信念は不動だろう。

『多維ニュース』の論評によれば、温家宝がこれほど何度も政治改革を呼びかけ、文革に言及した大きな理由は、「文革の遺毒がすでに中国の改革を阻害し、政治改革が進まなくなり、文革の再来の可能性がまだあると、温家宝自身が見ているからだろう」という。

バージョンアップされた「文革2・0」

2012年の温家宝最後の総理記者会見からしばらくたってから、私は党内事情に詳しい知人から、「温家宝の言う『文革の遺毒』とは、みんな薄熙来のことを指していると思っているようだが、本当は習近平に対する批判なのだ。温家宝は習近平が文革を再発させることを恐れている」と耳打ちされた。

この頃はまだ、習近平がここまで毛沢東的な独裁者だと気づいている人は少なかったが、今思い返せば、温家宝たちは習近平の「文革脳」の危うさをすでに認識していたに違いない。

もし温家宝の寄稿が、文革を批判したことで習近平の逆鱗に触れて、発禁扱いになったというならば、習近平は第20回党大会で長期独裁政権を確立する手段として「文革」を発動するつもりなのではないか、という疑念が生じてくる。温家宝が2012年の最後の記者会見時点で懸念していたように、習近平は文革を再び引き起こし、自分の権力闘争を勝ち抜き、終身独裁の道を切り開いていくつもりなのかもしれない。

文革は、毛沢東が政治的ライバルの劉少奇を打倒するために、若者を洗脳し動員して起こした政治闘争だ。なぜあのような異常事態が10年も継続したのか、今もってきちんと説明できる人はいない。あえていえば、その当時の中国人は無知蒙昧《もうまい》で、貧しく、情報も少なく、洗脳されやすかったのかもしれない。

ならば、世界第2位の経済大国となりＩＴ技術が発達し、グローバル経済の主役級の中国で、いかに習近平が「文革」を引き起こそうとしても、その呼びかけに今時の若者たちが簡単に洗脳されて、階級闘争を発動させるようなことがあるだろうか、と誰もが思う。

だが２０２０年来、「文革２・０」という言葉が中国党内人士たちの間で囁かれているのは事実である。つまりバージョンアップされた文革だ。

文革時代のような相互監視、相互密告、相互批判による人民の分断と疑心暗鬼による混乱。その混乱に乗じて世論を誘導し、攻撃の矛先を政敵に向かわせて打倒する権力闘争を、今の時代に合う形で引き起こすというのである。

１９６０年代の文革のような、街路で相手が肉の塊になるほどの集団リンチを行う野蛮さは今の中国の若者にはないかもしれない。だが、インターネットや最新のハイテクシステムを使って若い〝ネチズン〟を操《あやつ》り、同じような効果を得ることはできるかもしれない。

いや、すでに始まっている、という見方もある。

実際、ネット上で徒党を組み、ターゲットを定めて、他者に売国奴やスパイというレッテルを貼って徹底的に攻撃する若者が、「ネット紅衛兵」として存在感を示すようになっている。

大学の思想教育を強化

そう考えると習近平政権が党史において文革の記憶を淡化させようとしていることも納得できる。

習近平政権は最近、中共建党100周年記念出版物として『中国共産党簡史（1921～2021）』を出版したが、この新版党史で文革10年の歴史を大幅に省略した。過去に出版した党史書籍はいずれも文革の10年の記述に独立した1章を割いていた。だが、新版党史は第6章3節の「社会主義建設は曲折しながら発展した」の一部に簡単に書かれただけだった。

これは、習近平が文革に対する大衆の悪い記憶を薄めようとしているのだと受け取られている。それは習近平自身が文革2・0を起こそうと考えている、あるいはすでに文革を仕掛けているからかもしれない。ちなみに新版党史では、習近平の執政期間のわずか9年に全体の4分の1の紙幅が割かれている。自分こそが党史の主役であるといわんばかりだ。

また、建党100周年祝賀行事の出し物に「白毛女」「紅色娘子軍」など文革時代の紅色革命劇が準備されているし、清明節の間、北京の福田公墓にある、文革の旗手であった毛沢東の妻、江青《こうせい》の墓地が対外的に開放され、なぜか再評価のムードが盛り上がっている。

習近平が政権の座に就くまで、江青は文革の悲劇を引き起こした悪女の代表扱いであり、その墓石には実名も彫られておらず、参る人もいなかった。今は墓前の花が欠かされることはない。一方で、天安門事件で失脚し、軟禁生活の中でなくなった趙紫陽の墓は、いまだに庶民の参拝が禁じられている。

さらにいえば文革の淡化を含めた習近平新時代の思想教育は、学校教育現場で強化されている。2021年4月に発布された改正「中国共産党普通大学基層組織工作条例」などを見ると、大学の思想教育強化、監督管理統制の強化が進められている。

習近平政権になってから大学における学問の自由度は大きく圧縮された。たとえば、2013年春に各大学現場に通達された「七不講」(7つのテーマについて語ってはならない)という党中央弁公庁の指示は、最高学府で①普遍的価値②報道の自由③公民社会④公民の権利⑤党の歴史的錯誤⑥権貴(特権)資産階級⑦司法の独立について、議論すること、学問としてテーマにすることを禁じるというものだった。党の歴史的錯誤は、反右派闘争や大躍進や文革、天安門事件のことだ。

この通達によって、西洋史や西洋文学、西洋文明史、法学、憲政学、国際関係学、公民学やメディア学といった分野の学問、研究は大幅に制限を受けることになり、学問の自由はますます不自由になった。こうした指導にそむいて、研究や授業を行った教授や講師が学生から密告されて大学を首になったりする事件も相次いだ。

ネット空間を浄化する

さらに習近平のイデオロギー教育強化が進められ、改正「中国共産党普通大学基層組織工作条例」では、専門の監視監督補助員を学生数に合わせて配置することが条例で定められた。具体的には教授・学生200人に対して1人の割合で、思想指導の専業の補助員を配置しなければならない。また専門の思想政治理論科の教師も、学生との比率で1対350より低くなってはならないという。これは、大学生、院生たちを洗脳し、管理監督統制を強化し、習近平に忠実な紅衛兵を育て上げるつもりなのかもしれない。

実際、中国内外のインターネット空間でさまざまな書き込みをしたり、当局が拡散したいと思われる情報や言論、たとえば特定の企業、ブランドの製品の不買運動呼びかけなどを積極的に転載したりするのは、「ネット文明ボランティア」と呼ばれる中国大学生ボランティア・オンライン・コメンテーターだ。

かつては「五毛」と呼ばれるオンライン・コメンテーターが中国ネットの世論誘導役を担っていた。5毛は1元の半分の人民元の単位だ。1行の書き込みを5毛で請け負うアルバイトという意味だ。米国ジョージタウン大学安全振興技術センター（CSET）の研究員、ライアン・フェダスィックのリポートによると、この「五毛」と呼ばれた素人オンライン・コメンテーターの集団「五毛党」の時代はすでに終わったという。

これらアルバイターの「五毛」たちは、すでにプロのオンライン・コメンテーターとして正式に雇用されており、その数は200万人と推計されている。だがそれだけでなく、2000万人の「ネット文明ボランティア」が世論誘導に大きな役割を果たしているという。

2015年に中国教育部と共産主義青年団中央が合同で打ち出した指導文書によれば、「五毛党」は初期の頃から、さらに適切に活用されるようになった。当時は党委員会が試用期間として一部オンライン・コメンテーターを雇用し、それを小隊に組織し、直接の任務指導を行っていた。しかし、最近の数年は、このシステムを少しずつ拡大し、特に中国教育部と共青団（共産主義青年団）中央が2015年に合同で打ち出した指導文書によれば、香港を含めた全国各大学の党支部でオンライン・コメンテーター団体の創設が要請された。

これをネット文明ボランティアと呼び、一部大学ではその名簿も公開されている。平均年齢は19歳と若く、彼らの任務は、ネット空間を「浄化するため」攻撃的なコメント投稿をたくさんするように要求されている、という。

「ボランティア」という言葉は、自ら志願して無償で行う、というニュアンスで使われるが、地方ごと大学ごとにネット文明ボランティア募集の割り当てノルマが課されている。つまり、実際は大学生たちは加入を強制させられているかもしれない、ということだ。

このボランティアは無償だとされるが、多くのボランティア学生は党機関や国有企業関連への就職が有利になることを望んでおり、これらの活動に参加したことは履歴書上、輝かしい経歴になるとされる。

ネット文明ボランティアの具体的な仕事としては、SNSの微博やブログ、フォーラムなどのサイトの内容にイイネ（賛）を押したり、転載したり、論評したりして、ネット世論を効果的に誘導する。一方、中央インターネット情報弁公室が雇用したプロオンライン・コメンテーターは、不良情報を削除したり、積極的に批判したり、ネット上のデマだと反駁《はんばく》したりして不良情報を制圧して、中共に有利な内容を伝播《でんぱ》する、という。

2021年3月下旬から表面化した、新疆綿をめぐる姿勢を理由としたH&Mやナイキなど外国企業に対する不買運動呼びかけなどには、こうしたプロオンライン・コメンテーターやネット文明ボランティアの暗躍がある、と見られている。

世論誘導するネット紅衛兵を育成

こうした大学生ボランティアのネット工作員の多くが、愛国愛党と習近平への忠誠を掲げるネット紅衛兵予備軍だ。

もし文革2・0が発動されれば、彼らはささやかなネット上の言論を理由に、ネットリンチを行い、ネット言論の自由をさらに萎縮させることができるだろう。あるいは、世論を分断して人民がお互いを嫉妬し合い、足を引っ張り合い、攻撃し合う状況をつくり出すことができるかもしれない。

あるいは都合のよい共通の敵をつくりだし、そこに攻撃の矛先をもっていくことで自分の身を守ろうとするかもしれない。都合のよい敵とは、いくら叩いても自分に跳ね返ってこない相手、外国の政府や企業か、あるいは習近平が嫌う大富豪の民営企業家か、開明派の政治家や官僚か。

そういう状態をつくっておけば、新型コロナ肺炎が武漢で発生したときに情報隠蔽した責任や、経済減速や食糧問題やエネルギー問題の逼迫《ひっぱく》などで不満を募らせる人民の怒りの矛先が、習近平政権自身に向かうことは避けられる。その混乱に乗じて、習近平が終身指導者の地位を確立することは十分あり得るだろう。

ただ、そうなったとき、かつての文革時代で、中国がおよそ10年の経済的社会的停滞、いや退化を経験したように、習近平終身独裁時代の中国の経済や社会も中国人民にとっても幸せなものではないだろう。

もう1つ、忘れてはならないのは、かつての文革のとき、日本や欧米の一部の左翼知識人や左翼メディアが、文革を理想のプロレタリア革命だと礼賛していたことだ。当時、「文革の輸出」は毛沢東の戦略としてあらゆる形で行われ、世界中の進歩的知識人が洗脳されていた。世界がつながっているインターネットやSNS上で文革2・0が起きるとすれば、文革の輸出は、かつてよりも簡単かもしれない。米国のBLM（Black Lives Matter　黒人の命も大事）運動が文革に似ているのは偶然なのだろうか。油断すれば、日本でも同様の事象が起きるかもしれない。

中国の対外膨張攻勢は、何も軍事や経済だけでない。こうした洗脳や宣伝による世論誘導、イデオロギー侵略も、日本にとっての大きな国家安全保障上のリスクであることを覚えておいてほしい。

第2部

人権なき抑圧国家

1 香港を殺した国家安全維持法

「独立」と書かれた旗の所持で逮捕

中国の超管理国家化の膨張は、これまで一国二制度という鄧小平の考案したシステムで、まがりなりにも多少の民主が残されていた香港を呑み込んでいった。本当なら２０４７年までは維持されるはずであった香港一国二制度の破壊を決定づけた法律こそが香港国家安全維持法（香港国安法）である。

香港国安法が２０２０年6月30日に行われた中国全人代常務委員会で可決され、その日の午後11時をもって施行された。施行されるまでこの法律の全文は公開されなかった。しかも公開された法律全文が中国語のみで、英語のものはなかった。香港で施行される法律で英文がないものは初めてだろう（その後、英語文が発表された）。

全文は施行と同時に中国の国営通信社、新華社が公開。内容は聞きしに勝る悪法であり、総則と全体は矛盾しており、外国にいる外国人や組織にまで適用するという。もはや法律の体をなしていない。

そして施行後1日もたたないうちに、この法律に基づいて最初の逮捕者が出た。7月1日のデモの参加者が「香港独立」と書かれた旗を所持していた、という理由で逮捕されたのだった。

7月1日は香港が英国統治下から中国に〝返還〟された記念日であり、この日に合わせて例年、民主化を求める万単位の大規模デモがある。だが2020年は新型コロナ肺炎の予防を理由にデモは許可されておらず、また香港国安法の施行日1日目ということから、デモ参加の呼びかけは行われなかった。

しかし、午後2時になると銅鑼湾《トンローワン》あたりに数百人、数千人規模の市民が自然に集まり、比較的静かにデモ行進した。「香港独立」や祖国中国との統一を阻《はば》むようなスローガンは香港国安法違反になるので、「私たちは本当に香港がめちゃくちゃ好きなんだ」という穏当なメッセージの横断幕を掲げて行進。まるで故人の死を悼《いた》み悲しむような、悲痛な、香港の葬式のようにも見えた。

だが、そんな風に横断幕も香港国安法に配慮しているにもかかわらず、香港警察4000人以上が鎮圧に投入され、デモ開始からわずか数時間のうちに70人以上が逮捕された。最終的に300人以上が逮捕され、少なくとも9人が国安法違反容疑で逮捕されたという。うち最初の1人は、カバンの中に「香港独立」の旗を隠し持っていた、というのが逮捕理由だった。

警察が掲げる警告旗にも新たにパープルフラッグができた。それはデモ隊に向かって「使用している旗や横断幕、シュプレヒコールに国家分裂、政権転覆の意図があり、国安法の犯罪を構成するものとして逮捕・起訴される可能性がある」と告げるフラッグだ。

外国人による人権問題批判も対象

国安法には、「香港の言論、報道、出版の自由、結社、集会、デモの自由を含む権利と自由の享受を保障する」とあるが、同時に「自由を求める自由」を禁じる法律でもあった。

法律の中身を簡単に紹介しよう。

国安法で裁かれる犯罪は4種類。「国家分裂」「国家政権転覆」「テロ行為」「外国または域外勢力との結託による国家安全危害」(の組織、計画、実施、参与、幇助《ほうじょ》、出資など)である。いずれも主犯や重大な罪については最高無期懲役から10年以上の懲役。軽くても3年以下の懲役か刑事拘留。管制と呼ばれる、青少年に対する感化院入りやボランティアや社会労働を通じての更生が行われる。

「国家分裂」に関しては、「香港および中国その他の地域」も範疇《はんちゅう》に入っているので、香港と中国の分離を主張する言動だけでなく、ウイグル、チベット、台湾の独立や中国との分離に関する言動も「武力を使用する、あるいは使用すると、恫喝するしないにかかわらず」犯罪とみなされるという。つまり香港では、ウイグル、チベット、台湾の問題についても自由な議論は封じ込められる。

「テロ行為」は、まさに勇武派デモが行っている「政治的思想を実現するため」の暴力行為全般を含めているので、勇武派デモ隊をテロ組織として鎮圧する口実になる。

日本人として気になるのは、「外国勢力との結託による国家安全危害」が何を指すのだろう、ということだ。

第29条では、「外国、外国の機関、組織、その人員のために国家の秘密または国家の安全に関する情報を盗み、探り、買収されて違法に提供すること、外国もしくは外国の機関、団体もしくは個人にその行為を依頼した者、外国もしくは外国の機関、組織、その人員と共謀してその行為を行うこと、外国もしくは外国の機関、組織、人員から直接もしくは間接に指示、コントロール、資金その他の援助を受けて、以下の行為を行うことは、犯罪である」と規定し、具体的に以下の5つの例を挙げている。

①中国に対して戦争をし、武力もしくは武力の威嚇によって中国の主権、統一及び領土の完全性に重大な危害を及ぼすこと。

②香港政府または中央政府による法律や政策の策定・実施を著しく妨害し、重大な結果

をもたらす恐れのあるもの。

③香港の選挙を操作し、混乱させ、潜在的に重大な結果をもたらすこと。

④香港または中国に対する制裁、封鎖その他の敵対的行為。

⑤さまざまな不法な手段を用いて、香港の住民の間で中央人民政府または香港政府に対する憎悪を募らせ、重大な結果をもたらす行為。

今回の法施行を批判して中国や香港に制裁をかけようとしている米国などは、まさにこの条文が示す「外国」の敵対勢力だろう。日本も、米国と足並みをそろえて制裁に動けばその範疇に入るかもしれない。

いやな感じがするのは⑤で、「香港の住民に中国や香港政府への憎悪を募らせる」言動というのは、中国の人権問題や非人道、不条理を、外国のＮＧＯや人権団体とともに批判することも含めようとすれば含められるのではないか、ということだ。

さらにいやらしいのは、減刑規定で、自白や自首以外に、「他人の犯罪行為を暴いて検証に協力し、事件の捜査の重要な手がかりを提供する場合」と密告奨励を含めていることだ。

またこの法律の適用範囲は非常に広く、第38条「香港特別行政区の永住者の資格を有しない者が、香港特別行政区の外で香港特別行政区に対してこの法律に基づく罪を犯した場合に適用される」とある。つまり外国人が外国で、香港住民に中国や香港政府への憎悪を募らせる言動をした場合もこの法律が適用され得る、ということになる。しかも適用場所は、香港に登録されている飛行機、船舶上にも及ぶ。

ないがしろにされた一国二制度

この法律に基づいて逮捕された被疑者への捜査、扱いも非常に厳しい。

「行政長官の承認を得て、国家安全に対する犯罪の実行に関与していると合理的に疑われる者の通信の傍受および秘密の監視を行う」とある。盗聴、秘密監視となんでもありだ。

また、裁判内容が国家機密に関わる場合は、裁判は公にされず、メディアも入れない秘密裁判となる。

第5章では、中央政府が香港に設立する国家安全維持公署（国安公署）の機能などが詳しく説明されているが、はっきりと「国家安全犯罪を法に基づき処理すること」と規定し、香港の要請と中央政府の承認を得て管轄権を行使することもできるとある。つまり中国当局が香港内で執法行為を堂々と行えるのであり、一国二制度の完全な否定である。また、中央政府駐香港連絡弁公室（中連弁）や解放軍香港駐留部隊と連携をとり共同で任務にあたる、ともいう。

さらに第56条には、中国の最高人民検察院が関連する検察機関を指定して検察権を行使し、最高人民法院が関連する裁判省を指定して司法権を行使する、とある。その場合、中国国内の刑事起訴法を適用することになる。つまり、被疑者を中国に送致して中国の法律で中国の検察と司法が裁く、ということだ。

また国安公署の持つ権限は相当大きく、国安公署の車両や人員は香港の法執行官の捜査、取り調べ、押収を受けない、とある。国安公署は事実上のアンタッチャブルなのだ。情報機関として特務的な任務も負っているということなのか。あるいは香港の司法の枠外でよほどの非人道行為をするつもり、ということなのか。

一応、被疑者に弁護人を指名する権利があることや一事不再理の原則など、もっともらしく言い添えられてはいるが、一読して、これを法といえるのか、と愕然《がくぜん》とした。

民主派の活動は不可能に

国安法の施行により、香港では政治運動はもはや壊滅したも同然だろう。

香港民主派政治団体「デモシスト」の事務局長の黄之鋒《こうしほう》（ジョシュア・ウォン）や、「蘋《ひん》果《か》日報」を発行するメディア集団ネクスト・デジタルの創始者、黎智英《れいちえい》（ジミー・ライ）ら民主活動家がその後、相次いで逮捕された。

国案法によって、黄之鋒は自分が逮捕されることでデモシストの他のメンバーや支援者に影響が及ぶことを警戒してか、デモシストからの離脱を6月30日に表明した。同じくデモシストメンバーで社会運動家の周庭《しゅうてい》（アグネス・チョウ）やデモシストの初代主席で元立法議員でもあった羅冠聰《らかんそう》（ネイサン・ロー）、デモシスト常務委員の敖卓軒も、同日、相次ぎ前後して離脱を表明。主要メンバーの抜けたデモシストは解散を宣言した。デモシストは香港人による香港自決権を主張する穏当な政治団体であり、秋の立法会選挙でも出馬が期待されていた。

デモシストだけでなく、同法の施行によって、この法律に批判的であったり、中国共産党の香港支配強化に批判的な主張の候補は立法会選挙への出馬資格がなくなり、またすでに公職についていたり公務員であっても、同法に批判的な言動により職を失う人が出てくるのは間違いない。

一方、人民日報などは、香港国安法の導入によりデモがなくなり香港が平和で安定すると喜ぶ市民や財界人の声を取り上げている。米ニューヨーク・タイムズも「一部の財界人、銀行家が、国安法施行によってビジネスハブとしての香港の地位を高めるという北京の見方を支持している」と報じている。

実際、中国企業の香港回帰の動きも目立っている。たとえば中国のEコマース大手の京東は6月18日に香港取引所に上場し、およそ300億香港ドル（約4200億円）を調達した。また、すでに米ナスダックに上場しているゲーム大手の網易（ネットイース）は6月10日、香港取引所で210億香港ドル（2900億円）の株式を公開した。他にも2019年11月ごろから、香港のテナントに中国企業が続々と入ったり、中国企業による香港経済テコ入れの動きが顕著だ。米中新冷戦構造の中で欧米市場に居づらくなった中国企業が香港に集中しそうな動きは確かにある。

だが実態は、中国版スターバックスと呼ばれ、一時飛ぶ鳥を落とす勢いのラッキンコーヒー（瑞幸珈琲）の不正会計が暴かれ、ナスダック上場廃止となった事件などもあり、欧米市場で中国企業への信用が著しく低下し始めるなか、在外中国企業が中国（香港）に回帰しようとしていると捉えるほうが適切だろう。経済のブロック化の動きが加速している、ということでもある。

これが香港の地位を高めることになる、と考えるのは中国だけだろう。香港の地位は、異なる価値観で動く経済をつなぐ役割を担えていたから輝いていたのだ。

米国はすでに香港に対する優遇政策を撤廃し、香港への防衛装備品輸出の終了などを表明している。また香港の自治破壊に加担した中国高官、香港高官に対する制裁も打ち出している。

郵便はがき

料金受取人払郵便

牛込局承認

9410

差出有効期間
2021年10月
31日まで
切手はいりません

162-8790

東京都新宿区矢来町114番地
神楽坂高橋ビル5F

株式会社ビジネス社

愛読者係 行

ご住所 〒 TEL:　（　　）　FAX:　（　　）		
フリガナ お名前	年齢	性別 男・女
ご職業	メールアドレスまたはFAX メールまたはFAXによる新刊案内をご希望の方は、ご記入下さい。	
お買い上げ日・書店名 年　月　日	市区 町村	書店

ご購読ありがとうございました。今後の出版企画の参考に
致したいと存じますので、ぜひご意見をお聞かせください。

書籍名

お買い求めの動機

1　書店で見て　　2　新聞広告（紙名　　　　　　　　　　）

3　書評・新刊紹介（掲載紙名　　　　　　　　　　）

4　知人・同僚のすすめ　　5　上司、先生のすすめ　　6　その他

本書の装幀（カバー），デザインなどに関するご感想

1　洒落ていた　　2　めだっていた　　3　タイトルがよい

4　まあまあ　　5　よくない　　6　その他(　　　　　　　　　　)

本書の定価についてご意見をお聞かせください

1　高い　　2　安い　　3　手ごろ　　4　その他(　　　　　　　　　　)

本書についてご意見をお聞かせください

どんな出版をご希望ですか（著者、テーマなど）

世界情勢の流れとしては、おそらく金融、経済、貿易の枠組みが米中を中心に引き裂かれていく動きは止められそうにもない。香港国安法は、中国にありながら法治と自由を謳歌していた香港を扼殺《やくさつ》したその力のままに、世界の亀裂をめりめりと広げていくことになるのではないだろうか。

7月1日、私は1日中、香港の死を思って、世界の分断を思って、沈鬱《ちんうつ》だった。だが、日本はまだ言論の自由も政治活動の自由も維持している。この自由をどのように行使していくか、その自由な言論や行動で日本や国際社会を少しでも良いほうに導くことができるか、これを機会によく考えてみたい。

（『JBpress』2020年7月2日改変）

2 周庭さんら禁固刑判決の異常

「安全の脅威」と勝手に断定

香港の黄之鋒、周庭、林朗彦《りんろうげん》（アイバン・ラム）3氏の「6・21警察包囲集会」事件の裁判の判決が、2020年12月2日午後、言い渡された。黄之鋒は禁固13・5カ月、周庭は10カ月、林朗彦は7カ月の実刑判決を受けた。執行猶予は付かず、そのまま収監された。

黄之鋒と林朗彦の両氏は、入廷時はしっかりとした表情で、むしろ傍聴席を見渡して確認するような仕草《しぐさ》を見せる余裕があったが、周庭は初めての収監を経験し、憔悴《しょうすい》した様子だった。

王詩麗《おうしれい》裁判官によれば、2020年6月1日当時、デモ参加者たちは「水馬」と呼ばれるプラスチック容器に水を入れたバリケードやロードコーンを押し倒して警察の防衛線を越えた。幸いにもけが人こそ出なかったが、「裁判所としては軽くみることができない」とした。また、デモの間に、通行人の市民と警察が衝突する場面もあり、暴力事件に発展し、その場にいる人々の安全の脅威となったと断じた。

さらに王裁判官は「3人の社会運動は日増しに犯罪的になっていった。3人が共犯として分業協力し、言葉と行動で他人を扇動し、このデモに参加させようとした。デモの規模を大きくして道路をふさぎ、潜在的リスクを伴い、警察はこの対応のためにマンパワー資源を浪費させた」と述べた。

こうした状況を総合してそれぞれに禁固刑を言い渡した。

周庭は控訴期間中の保釈を拒否され、12月3日の24歳の誕生日を「みんなと過ごしたい」という望みもかなわず、泣き崩れていた。

黄之鋒は2014年の雨傘運動が違法な道路選挙の罪にあたるとして禁固2カ月の刑を受けて2019年6月に出所したばかりだった。それ以前にも違法集会組織の罪で禁固6カ月の刑を受けている。

収監されたとき、黄之鋒は狭い独房に入れられ、体内に異物を隠し持っていると言いがかりをつけられ、異物が排出されるまで隔離された。X線写真で異物が見つかったというが、そのX線写真を黄之鋒氏は見せてもらっていない。

排便は小さなプラスチック容器に行うように強制されるなどの屈辱的な監視が行われ、消灯のない状況での観察が続いた。普通の収監であれば5人部屋で寝起きし、昼間は数十人が一緒に作業する広い活動室での活動が認められるはずだ。

こうした異例の措置は黄之鋒に対する「精神的苦痛」を与えることが目的であり、拷問そのものだと言える。

黄之鋒氏は退廷する際に傍聴席に向かって「難しいのはわかっているけど、がんばれ！」と叫び、林朗彦は「絶対後悔はしない！」と叫んだ。

裁判所の外で一部の「親中派市民」が、「売国奴（奸漢）」などといった言葉と黄之鋒の写真を貼ったプラカードなどを持って、拍手して喜び、酒瓶を開けて「お悔やみ申しあげます！」と揶揄《やゆ》して騒いでいた。これに3人のことを心配して集まっていたデモ支持派の市民は反発し、あわや場外乱闘というムードになりかけたが、「（新型コロナ禍の下での）集会禁止令を破るな」という警察の警告に従って解散したという。

3人はデモを扇動したか？

この裁判は香港の裁判判決としては異常であった。

彼ら3人の罪は、違法集会を扇動したこと、3人が共犯して分業協力し、デモの規模を大きくした、というのが、量刑判決の理由だった。しかし、彼ら3人が扇動した証拠として提出されたのは、黄之鋒と林朗彦がメガホンを使って警察を非難するいくつかのニュース映像、黄之鋒がテレグラムで警察総部前のデモに参加するように呼び掛けるメッセージぐらいだ。

しかも、周庭は黄之鋒の傍らに立っていただけだ。黄之鋒は過去2回、収監経験があるが、周庭はこれが初犯であり、彼女自身の「罪」としてはせいぜい違法集会に参加したというくらいであるから、「執行猶予なし。控訴申し立て期間の保釈不可」という判決は異常に厳しく、公正な判決とは思えない。

かつての香港の同様のケースは、香港の弁護士らなどに言わせると、一定期間の社会奉仕が相応の処罰であろうという。仮にこの「違法集会」に参加するのが犯罪だとしてもだ。黄之鋒の13・5カ月という1年以上に及ぶ禁固刑も耳を疑う厳しさだろう。もっとも、中共の差し金であれば違法集会扇動の最高刑の禁固5年の可能性も心配されていたので、人によれば、その程度で済んだのか、と思うかもしれない。だが、黄之鋒にも実際、「扇動」といえるような事実はない。メガホンを持って叫んでいた、テレグラムで警察総部前に誘導した、という判決理由を挙げているが、このテレグラムのメッセージは元立法会議員の區諾軒《おうだくけん》区議によれば、香港当局がイスラエルのハッカー企業セレブライトに依頼して取り出したもので、実のところ、前後合わせて読めば、メッセージは広く大衆に呼び掛けるものではなく、黄之鋒の仲間うちに対する連絡事項だった。つまり集会扇動の証拠としては恐ろしく弱いものだ。

そもそも、この集会の中心は黄之鋒らデモシストよりも、連登仔とよばれるＬＩＨＫＧという掲示板に集う若者グループのほうが存在感があった。私たち外国メディアが黄之鋒や周庭ばかりを持ち上げ、取材しようとすると、彼らはむしろ、不満げに「彼らはリーダーでもなんでもなくて、ただの一デモ参加者にすぎない」と言っている。

ちなみに、なぜ外国メディアが黄之鋒や周庭を重視するかというと、彼らは基本的に暴力より言論の力を信じる非暴力派だからだ。根っこがリベラルなので、「民主主義社会とは異なる意見も自由に言える社会である」という考えのもとで、中国から新しく移民してきた新香港人に対しても、香港人であることを認める。そして彼らが自分たちと異なる意見を持つことも容認するからだ。

この寛容さ、バランス感覚が、西側の自由主義社会の良識に一番広く受け入れられやすい、と思うからメディアは彼らを取材する。もちろん、彼らの愛すべきキャラクター性もある。

香港デモを応援すると、暴力を肯定するのか、と絡んでくる人もある中で、西側リベラルメディアとしては、彼らがもっともバランスの取れた、説得力をもつ成熟した社会運動家に見えるのだ。

區諾軒によれば、6月21日のデモについても黄之鋒は、連登仔と意見が対立していたようで、このまま興奮状態でデモを行うと、暴力的な状況が起きかねない気配があった。このため、デモを続けるがどうか現場で賛否を問うてはどうか、という提案をしたところ、集会のあとで黄之鋒がデモを解散させた、といった非難が参加者から殺到したのだという。

つまり黄之鋒が切りの良いところで解散を提案したからこそ、21日の警察前集会は、あの程度の過激さ（レンガを投げたり卵をぶつけたり）で済んだ、ということだ。黄之鋒らがいなければ、もっとヒートアップし、暴動に発展したかもしれない、ということではないか。

中共の恐怖裁判に等しい

彼らは本来、犯罪と呼べるほどのことをしていない。むしろデモが暴徒化するのをコントロールする側に回っていた。ではなぜ、起訴事実を争わず、罪を認めたのか。周庭は最初から罪を認めていた。これはおそらく周りからのアドバイスであろう。

周庭自身は、この集会については、黄之鋒らについて参加しただけで、しかも「初犯」であるということで、普通なら禁固刑や収監などはあり得ない、と思われていた。それより早く罪を「認め」、早々にこの件との関わりを終わらせ、すでに決まっていた北海道大学の研究員としての生活をスタートしたかったからではないか、と區諾軒は指摘している。

おそらく黄之鋒らも、周庭には「普通の女子のきらきらした生活に早く戻ってほしい」と願ったに違いない。

黄之鋒と林朗彦はすでに禁固刑を経験し、社会運動家として、そしてデモシストの事務局長や主席という若き政治家としての覚悟が決まっており、公判前日まで起訴事実を争うつもりでいたに違いない。だが、聞くところによると弁護士に説得されて、罪を認める方針に変えたという。

ひょっとすると、憔悴《しょうすい》した周庭を思いやったのかもしれない。まさか、彼女まで収監されるとは思わなかったため、自分たちが法廷で戦うと周庭の罪まで重くなると考えたからかもしれない。

黄之鋒と周庭については、2020年8月10日に香港国安法違反の容疑で逮捕された件がまだ残っている。こちらのほうが、実は恐ろしい。違法資金集めや外国との結託、などといった罪が問われかねない。特に中共が目の敵にしている黄之鋒は中国に送致されて中国の司法で裁かれる可能性もあるのではないかと噂されている。

今回の裁判ではっきりわかったのは、香港の司法のやり方は、中共政府のやり方とほとんど同じで、裁判で起訴事実を明らかにし、法の下で公平に裁くというものではないということだ。中国本土と同様、法は中共が気に入らない人間を痛めつけ、脅し、屈服させるための道具であり、国内外に影響力の強い人間を共産党が法の名の下で屈服させて見せることで、「鶏を殺して猿を脅す」効果、「寒蟬効果」と呼ばれる萎縮効果を狙うものなのだ。そうして運動の熱を恐怖政治で抑え込み、メディアをコントロールし、中共に逆らう存在を殲滅《せんめつ》しようとしている。

このための見せしめとして裁く対象は、顔をマスクや眼鏡で隠し、匿名の破壊活動で抵抗する勇武派よりも、寸鉄まとわぬ姿で顔と名前をさらし、正論を訴える言論活動家のほうが、目的の萎縮効果は大きいだろう。

なぜなら言論の活動家が求めるのは、最終的には対話による解決であり、対話の余地があるという希望を潰すことが、人々に一番絶望を与えることになる。

自由を求める運動は終わらない

バーサーカー（神話に登場する戦士）のような破壊活動家たちは、自らも暴力をふるう以上、自分たちに暴力が降りかかってくることは覚悟の上だ。中には玉砕《ぎょくさい》覚悟の者もいよう。そういう彼らが犯罪者として裁かれても、世論は同情はするが、ショックは受けまい。そもそも、匿名での暴力活動は、活動中に、名もなき犠牲者になって忘れ去られる可能性も大きい。

暴力は暴力で封じこめれば、それで終わりであり、中共は暴力のプロ中のプロなので、ちょっとやそっとの暴力で太刀打ちできない。

だが言論の力は、暴力で人を抑えつけても、その口からいったん出た言論は、世に残り伝播《でんぱ》する。最終的に世の中に最も影響力をもたらし、共感を呼び、長く運動を続ける希望を与えるのは、匿名の暴力よりも、素顔と名前を明らかにした言論の戦士なのだ。

中共政府はそれをよく知っているので言論統制に心血を注ぎ、言論を理由に人を取り締まろうとする。しかし、私たち自由主義社会には、言論だけで人が裁かれるようなことがあってはならない、という常識がある。なぜなら言論の自由は、私たちの普遍的価値観の根っこにあるからだ。

西側メディアが、香港デモの参与者の中で、もっとも良識的でバランス感覚があるとして、『タイム』誌の表紙にも取り上げられた黄之鋒らを、「司法」の名のもとに痛めつけることは、私たち西側メディアに対する挑戦である。それは私たちの普遍的価値観である言論の自由の完全な否定であり、香港の自由を取り戻したいと願う人々の希望を叩き潰し、そんな望みを抱かないようにさせるための「見せしめ」なのである。

だが、20代前半の乙女にまで、ここまで中共政府がムキになるのは、それだけ言論の士というものが彼らにとって脅威であるということの裏返しでもある。

彼らに「罪」を認めさせ、禁固刑に処したことで、中共政府、香港政府は自らの勝利を確信できているだろうか。

もし、私たちが、彼らがこれまで訴えてきた言葉を忘れて、これまでの運動が消滅してしまったら、確かに中共政府の勝利かもしれない。

だが、私は黄之鋒や周庭の言葉は忘れていないし、その言葉を繰り返しさまざまなところで報じ続ける。香港の運動は終わらないし、終わらせない。多くの人たちがそう思っているのではないだろうか。香港が今後、本当に自由を取り戻せるかどうか、自信が持てなくなることもあるのだが、諦《あきら》めてしまってはそこで試合終了だ。香港問題を繰り返し語っていきたい。

（『中国趣聞』２０２０年12月3日改変）

3 民主化を死滅させる選挙制度改正

希望ついえた「2度目の返還」

香港司法の死が決まった今、システムを守る手立てはない。中国は2020年に制定した香港国安法で、民主派を排除する一方で、2021年3月に北京で開催された全人代（全国人民代表大会）では、二度と香港の立法会に民主派が当選しないように香港の選挙制度改革案を審議、可決したのである。

全人代での決定は、賛成票2895票、棄権1票、反対票0で採択された。これを国際社会や香港市民らは「2度目の返還」と呼んだ。

1997年に英国統治下から中国に引き渡されたのが1度目の返還である。このときは英国と中国の国際的な合意のもとで「一国二制度」という、中国とは異なる政治・経済体制を維持されることになった。

このときに香港基本法の付属文書1、2で、「状況に応じプロセスに従って普通選挙が実現できる」道筋が示された。英国が香港に残した民主化の「置き土産」であった。

この付属文書があったからこそ、香港市民は希望を失わずに、法治と自由と民主が取り戻せると信じた。そして、社会運動、デモへの参与を継続してきたのである。

しかし、全人代の可決を受けて、香港立法会（議会）は5月27日、選挙制度の見直しに関する条例案を賛成40、反対2で可決した。これによって、すべての制度改正の手続きが完了することになった。

これは香港の希望そのものが中国に奪われたものだといえる。基本法の従来の付属文書が、全人代による新たな付属文書に置き換えられ、香港の選挙は、中国当局が完全にコントロールされるようになった。

2020年の全人代では、香港国安法が採択され、中国は香港でのデモや政治活動を制限できるようになった。中国のやり方に抵抗感や不信を持ったりする人間を「国家政権転覆」関与などを理由に逮捕、起訴することを可能にした。

この香港国安法については世界中が「中英共同声明による一国二制度50年保障の国際的な約束に違反している」と非難し、米国は林鄭月娥《りんていげつが》（キャリー・ラム）・香港特別行政区行政長官を含む香港、中国の関係官僚に対する制裁を実施した。

香港市民はこうした国際社会の応援を支えに、2020年に予定されていた立法会選挙での民主派による過半数議席獲得を目指した。立法会の過半数を奪えば、予算案などを人質にとって、政府に譲歩を迫れると考えたからだ。だが、立法会選挙は新型コロナ流行などを理由に1年以上延期されることになった。

これまでの立法会は70議席のうち直接選挙枠は35議席、職能枠といわれる業界別組織からの候補が業界別投票人に選出される議席が35議席。その職能枠のうち5議席が区議枠となっていた。2019年秋の区議選挙では中国や香港当局の予想を裏切って民主派が圧勝。また職能枠でも、中国の新型コロナ隠蔽に対する不満が広がり民主派候補が勝利する公算もある職種があった。民主派が票の食い合いさえ避ければ、立法会過半数議席を取ることは不可能ではなかった。

2020年6月、民主派は候補を絞り込むための自主的な予備選挙を行い、登録有権者の13%を超える61万人の市民が予備選挙に参加した。だが、このことが中国当局を刺激した。ただちに選挙制度自体を「改正」して立法会選挙の民主派勝利を阻止しよう、としたのが全人代決定の背景である。

中国当局と香港当局は、2021年1月にこの予備選挙を計画、実施した著名民主派メンバーや現役区議を含む55人を香港国安法違反で一斉に逮捕した。うち47人を全人代直前に一斉起訴し、一斉公判を実施した。議会の過半数を奪おうとしたことが「政権転覆」に関与した、という異常な形での起訴だ。

親中派ばかりが増える

中国全人代が採択した決定により、香港基本法の付属文書1「行政長官産出弁法」と付属文書2「立法会産出弁法と表決プロセス」が、全人代常務委員会の修正による新たな付属文書に置き換えられることになった。それをもとに香港の選挙に関する関連法規が修正された。

では具体的に選挙制度はどう変わったのか。

これまではこの選挙委員会委員は、「商工・金融界」「専門家」「労働・福祉・宗教界」「政界」の4大業界から選ばれていたが、今回の制度改正では、これに加えて全人代枠が加わった。つまり行政長官を選出する選挙委員会は一層親中派が増えることになった。

さらに行政長官選挙に出馬するためには、選挙委員188人以上の合同推薦が必須だが、上記の5大業界からそれぞれ15人以上が推薦メンバーに含まれていなければならない。選挙委員会は1人1票無記名投票で行政長官を選出する。選挙委員会委員の過半数以上の支持をもって当選となる。

また、立法会も現行の70議席から90議席に増やされた。これまでの選挙は、選挙区ごとの直接選挙枠議席が35議席、職能・業界別団体による間接選挙枠が35議席（5議席の区議枠を含む）だったが、ここに新たな職能選挙枠として40議席の選挙委員会枠が追加され、直接選挙枠が20議席に減り、5議席の区議枠が撤廃された。相対的に直接選挙枠が減り、選挙委員会委員は全人代の親中メンバーが増えるので、ますます親中的になり、香港民意が反映されにくくなった。

結果として、次の立法会選挙（2021年12月）では民主派議席の3分の1以上の確保もまず不可能になり、香港の命運を決める重大法案の議決を阻止できなくなった。

さらに候補者資格審査委員会を設立し、選挙委員会委員候補人、行政長官候補人、立法会候補選挙人の資格が審査され、候補者は「愛国者」であることが必須となった。愛国者である判断がどういう基準に基づくものか、明らかにはされていないが、2021年2月22日に香港で行われた香港の一国二制度に関する討論会で、中国国務院香港澳門弁公室主任の夏宝竜《かほうりゅう》が「愛国者治港」（愛国者が香港を治める）が一国二制度方針の核心であるという主張をもとに、次のように説明している。

「中華人民共和国の1つの特別行政区として香港を統治する権力は必ず愛国者の手中にならなければならない。あらゆる国家で公職者がその愛国心を示すことが求められている。選挙スローガンで政府に反対し、祖国を妖魔《ようま》化することはまったくおかしい」

「香港が祖国に返還されて20年余りの間に、一国二制度は歴史的遺留問題を解決するための最もよい方法であるだけでなく、香港の長期繁栄安定にとっても最も良い制度であることは証明された。我々は一国二制度、港人治港をさらに推進して高度の自治方針を堅持する。同時に、一国二制度の実践は必ずしも順風満帆《じゅんぷうまんぱん》ではなかった。反中乱港分子（中国政府に反対して香港の安定を乱す分子）、香港独立分子など過激な分離勢力が、各種選挙を通じて立法会、行政長官選挙委員会、区議会などの統治フレームワークに入り込んでいる」

「彼らが〝香港独立〟の主張を振りまき、中央統治や内地に対する不満情緒を扇動し、行政区政府の施政を妨害し、香港社会全体に深刻な代償を支払わせた。香港の街中で暴れる〝攬炒派《ランチャオ》〟（死なばもろとも派）が香港の乱れの源であり、国家に禍《わざわい》をもたらすものである。もし、彼らが香港の統治権を奪い、国家安全に危害を与え、香港の繁栄と安定の活動を破壊するままにさせたら、もし外国勢力に香港選挙など政治への干渉を許したら、香港の未来はどうなるか？」

愛国とは「中共を愛する」こと

そして、愛国者が香港を治めるためには、客観的基準が必要であり、愛国者をどうやって判断するかという基準として主に3つを挙げた。

①国家主権、安全、発展利益を心から擁護する。国家主権安全に危害を加える活動に従事しないことが、最低基準。中央政府をいろいろな手段で攻撃したり、香港独立を主

張したり、外国に中国や香港政府に対する制裁を求めたりする人は、あきらかに愛国者ではない。

②愛国者は国家の根本制度と行政区の憲制秩序を尊重し維持する。国家も愛国も抽象的なものではない。愛国とは中華人民共和国を愛することだ。一国二制度は、中国共産党が指導する中国の特色ある社会主義民主国家の重要構成部分であり、中国共産党が一国二制度事業の指導者である。一国二制度を擁護するといいながら、一国二制度の創立者であり指導者である共産党に反対し、国家の根本制度に挑戦する者は、香港の憲政秩序を拒みあるいは歪曲《わいきょく》する者であり、愛国者ではない。

③愛国者は香港の繁栄安定のために力を尽くす。香港の黒暴（覆面をして暴力をふるう勢力）、攬炒（玉砕覚悟で暴力をふるうもの）、港独分子（香港独立を画策するもの）は、香港の破壊者であり愛国者ではない。

さらに、愛国者が香港を統治するための香港の選挙制度の5原則として以下を挙げた。

①憲法と基本法に厳格に照らし、香港の選挙制度をより良くする。反中乱港分子、国際的な反中勢力の政治代理人が行政区政権機関に入り込むのを切実に効果的に阻止する。

②中央の指導を尊重せねばならない。香港の選挙制度はその政治制度、政治体制の重要

な構成部分であり、中央の主導の下で行われる。中央の指導を尊重することと香港政府の法に基づく関連事務は決して矛盾しない。中央政府は香港政府とコミュニケーションをよくとり、香港社会各界の意見を必ずよく聞く。
③香港の実際の状況に合わせる必要がある。外国の選挙制度をそのまま参考には絶対できない。
④香港は行政長官を核心とする行政主体だ。行政長官が特別行政区の政治フレームワークの主導であり核心的位置付けにある。
⑤愛国者治港は制度上、実行されねばならない。行政、立法、司法機関の構成員はすべて愛国者が担当する。いかなる状況下であっても、反中乱港分子がこうした職位を占めることがあってはならない。

さらに夏宝竜はこのとき、具体的に反中乱港分子として、香港の大物メディア人の黎智英（ジミー・ライ）、元香港大学法学部副教授の戴耀廷（ベニー・タイ）、元政治団体デモシストメンバーの著名社会運動家の黄之鋒（ジョシュア・ウォン）の3人を名指し、特に厳しい刑罰が与えられることを示唆した。

これは、香港選挙制度が、西側社会の民主主義に則《のっと》ったものではなく、中国に対して異見を持つ人間、民主派を完全に排除するための選挙の形をとった支配制度に変わったということだった。

この選挙制度改正により「愛国者による香港統治」を徹底できる、と中国の全人代常務委員会副主席の王晨《おうしん》は説明している。彼らにしてみれば愛国者による香港統治が、一国二制度、香港人による香港統治、高度の自治方針の長く安定的な維持につながる、という。

だが、香港民主党の羅健熙主席はBBCで「北京のこの決定によって立法会の代表性はさらに失われ、民意の支持もさらに失われた。多くの香港市民は体制に失望し、ますます議会が自分と無関係だと思い、（民意が強権で押し込められることで）不満はむしろ蓄積し、いつか大爆発が起きるのではないか」と懸念を示した。

香港選挙制度の改正は、事実上、香港立法会の人代化（人民代表化）である。そして今後起こるのが、香港の新疆ウイグル自治区化だろう。中共の指導に異なる意見を持ち、自らのアイデンティティや文化を守ろうとする人間を国家政権転覆者として裁き、弾圧し、香港人全体を恐怖政治と洗脳教育で、習近平を核心とする共産党中央に素直に服従して抵抗しない「愛国者」に育て上げようとするわけだ。恐らく中国からの移民も増やし、香港アイデンティティの淡化も進めるだろう。ウイグル人にしているように。

（『JBpress』2021年3月4日改変）

4　香港民主派元老9人に禁固刑

無認可デモ参加で牢獄へ

2021年春に中国で全人代が終り、香港の選挙制度が〝殺され〟て間もなく、香港民主化運動をつくり上げてきた元老たちが裁かれた。最初に周庭や黄之鋒の国際社会に人気の若者たちが潰され、次に中堅の民主化運動家たちの大量逮捕があり、最後の仕上げに元老、長老たちが一掃されたわけだ。

香港民主党創始者の李柱銘《りちゅうめい》（マーチン・リー）やネクストデジタル創始者の黎智英（ジミー・ライ）らを含む9人の香港民主派元老が、香港の反送中運動において、非認可集会を組織、参加したと罪を問われていた裁判で2021年4月16日、18カ月から8カ月の禁固刑の判決が下された。

黎智英は禁固14カ月、執行猶予なし。

李柱銘は禁固11カ月が言い渡されたが、執行猶予2年がついた。李柱銘は、法廷に入る前、「最も重要なことは希望を持ち続けることだ。我々に希望さえあれば、すべてのことは成し遂げられる」と語った。彼は83歳、香港のベテラン弁護士ランキングで1位の座にある。この日、判決に対し「心は平穏だ」と語り、前の夜もよく眠れたという。

李柱銘と一緒に法廷に入った民主党元主席の何俊仁は「民主をあきらめない、堅持しつづける」と語った。

彼らが罪に問われたのは、２０１9年8月18日のデモを「組織」したということである。このデモ集会は、警察の認可がおりなかったにも拘わらず、１７０万人の市民が参加。２０１9年6月16日の２００万人デモにつぐ大規模デモとなり、しかも暴力行為が一切行われなかった。10万人しか入れないビクトリアパークに、市民が順番に入り入れ替わる「流水式」と呼ばれる形の集会だった。

9人の民主派人士は、この集会を組織し参加したということで起訴されていた。

判決はほかに、元立法会議員の呉靄儀、元民主党主席の何俊仁がともに禁固12カ月、執行猶予2年、元工党副主席の李卓人は別の違法集会にも関わったということで禁固14カ月、元立法会議員の長毛こと梁国雄《りょうこくゆう》は禁固18カ月、元立法会議員の何秀蘭は禁固8カ月、比較的早期に罪を認めた元立法会議員の梁耀忠は禁固8カ月、執行猶予1年。同様に早くに罪を認めた元立法会議員の區諾軒は禁固10カ月の判決を受けた。

この件で、何俊仁と李柱銘の代理人の夏偉志弁護士は次のように弁護した。

「2人は長年、民主の発展のために貢献してきた人物であり、ベテラン弁護士であり、大衆から愛され、尊敬され、敬服されている」「8・18デモは平和的で非暴力であり、何俊仁、李柱銘とも暴力を呼びかけておらず、むしろ暴力に反対してきた。彼ら2人はデモに参加しただけであり、決してその代表的存在ではない」

さらに「李柱銘にとっては、初めて非認可デモへの参加だった。彼は6月に83歳の誕生日を迎え、人生の大半を社会に奉仕し、香港でもっともベテランの弁護士であり、基本法の起草者の1人だ。李柱銘はずっと理性、平和的な態度で民主を勝ち取ってきた。また敬虔なクリスチャンでもある」「この文明社会において、手当たり次第に人を牢獄に送るようなことがあってはならない。この件については、その他の選択、たとえば罰金などがある。本当に2人を刑務所に入れる必要があるのか、法廷に問い質したい」と訴えた。

希望があれば心は死なない

李卓人と何秀蘭が法廷に入るとき、支持者は「これは政治的起訴だ、恥を知れ！　平和デモは無罪だ！　デモをする権利がある！　五大訴求の1つも欠けてはならない」とスローガンを叫んだ。

李卓人は、判決を受ける前に「いかなる判決を受けても、香港人とともに歩むことを誇りに思う」と語り、《You'll Never Walk Alone》という往年のミュージカル曲の歌詞を借りながら、「塀の外でも中でも、共に暗黒と戦おう」と語った。「香港人は永遠に孤独ではない。我々はともに歩んでいるのだから。塀の中にこの身はあれど、塀の外のみんなと一緒に歩んでいる。香港の希望、それが我々1人ひとりの心にあれば、心は決して死なない」と。

傍聴席にはカソリック香港教区の陳日君《ちんじっくん》枢機、EU、オランダ、スウェーデン、カナダ、フランス、ドイツなどの国家から派遣されている駐香港総領事館の外交官らがいて、裁判の成り行きを見守った。

呉靄儀は代理人をたてず、自ら弁護をして、市民から拍手と支持を得ていた。

彼女は、かつてメディアで仕事をし、1990年代から法律の世界に身を投じた。18年間、立法会議員を務め、法治を守る努力をしてきた。人民の権利が侵犯された当事者として、彼女は強く反論した。「法律は人民の権利を保障するものであって剝奪するものではない。そうして初めて、政府は市民の信用を勝ち得ることができるのです」と述べた。

彼女はまた、1997年に香港主権が引き渡された後、市民が高度の自制心をもってきたと主張した。2003年の7月1日の50万人デモ、2019年の6月9日、6月16日の100万人デモ、200万人デモ、いずれも平和と秩序があり、いかなる暴力も起きなかった。

だから彼女は「人民を見捨てず、肩を並べて前進するのだ」と語った。そして「私は彼らと共にいる。彼らの傍に立ち、彼らのために立ち上がる。正義は法律の魂である。法治とは法廷で定義されるのではなく、街角や暮らしの中で定義される」と述べ、最後に英国の有名な裁判官の言葉を引用してこう語った。

「私は法律の公僕である。しかし人民は法より優先されるべきだ。なぜなら、法とは人民に奉仕するものであって、人民が法に奉仕するものではないからだ」と。

（『中国趣聞』2021年4月16日）

5 デモ参加の罪でさらに10人に禁固刑

罰金刑では済まない重罪に

香港のネクスト・デジタルの創始者の黎智英、民主派元老の李卓人、何俊仁ら10人が、

２０１９年10月１日の無認可集会を組織したなどの罪状で起訴されていた裁判で５月28日、それぞれに禁固14カ月から18カ月という重い判決が下された。

黎智英はすでに多くの罪状で実刑判決を受けているがそれに加えての禁固刑であり、総合すると禁固20カ月に及ぶ。こうした無認可集会に関する罪は過去のケースでは罰金刑であったが、現在は禁固刑が言い渡されるようになった。

被告は10人。いずれも２０１９年10月１日に、警察から批准を受けていない無認可集会を組織、参与した罪が問われていた。裁判は香港版国家安全維持法を専門とする国安法裁判官の胡雅文裁判官が担当した。

それぞれ禁固14～18カ月という予想以上に重い判決が出た。このうち元立法会議員の単仲偕と支聯会秘書長の蔡耀昌の両氏だけは執行猶予２年がついた。

判決は以下の通りだ。

・民間人権陣線代表 陳皓桓 18カ月・呉文遠 14カ月・楊森 14カ月・何俊仁 18カ月・李卓人 18カ月・社會民主連線 梁国雄 18カ月・黎智英 14カ月・何秀蘭 14カ月・単仲偕 14カ月（執行猶予2年）・蔡耀昌 14カ月（執行猶予2年）

黎智英は、すでに無認可集会参加の罪で判決を受けており、今回の判決を合わせると禁固20カ月の長期刑となった。香港民主派元老の李卓人と、長毛のあだ名で知られる梁国雄もすでに無認可集会参加の罪で禁固刑を受けており、それぞれ刑期は20カ月、22カ月となる。

胡裁判官は、被告人が当時警察の反対を無視して、SNSとメディアを通じて公開で集会とデモに市民参加を呼び掛けたと指摘し、「和理非（平和、理性、非暴力）方式の集会デモというのは、『無邪気で非現実的』であり、実際は当日にたびたび暴力事件が起きている。彼らが言うような『公民の抗争』『平和集会』ではない。基本法は表現の自由を市民に賦《ふ》与《よ》するが、それは絶対的なものではない」と繰り返し述べた。

執行猶予がついた単仲偕と蔡耀昌は釈放されたが、心情は「非常に重くつらい」と述べた。10人の被告の弁護団は刑期について上訴を考えているという。

単仲偕はため息をついてこう訴えた。

「現在の香港は以前とまったく違う。かつても無認可集会は起訴されることがあったが、罰金と社会奉仕命令が科される程度だった。しかし、今回は量刑が出ており、しかも延べ18カ月から24カ月という長期刑で、記録を破ったといっていい」「心が非常に重い。私たちは過去10日、一緒に収監されて来た。彼らが将来18カ月から2年にわたって監獄生活を送らねばならないのかと思うと、耐えがたい。基本法が付与する表現の自由の権利を追い求めてきたが、結果はこのように深刻で、この深刻さは香港の歴史に前例がない」

香港のデモがこのことで消失するのではないか、と問われると、「香港の政治と法律環境は以前に比べて極めて厳しいが、香港はやはり信念があり、言論表現の自由を堅持していくと願っている」と否定した。

一番長い禁固刑を下されている梁国雄の妻の陳宝瑩は裁判後、記者に対して、「刑が重すぎる」と批判した。「昔は同類の罪については罰金刑だったが、今は1年以上の刑期に向き合うことになった。これらの判決は市民にデモをするなと脅しているようなものだ」と話した。「みんな、これが単に許可を受けていないだけの集会であることを忘れてはならない。許可を受けていない集会でも、暴力はなかったし、社会の安定に影響を与える要素はなかった。ただ、警察の許可を経ていないというだけなのだ。長毛の話では1990年代は罰金500香港ドルで済んだ。10年前だって数千元の罰金だった」

司法の独立は失われた

香港民間人権陣線は2019年10月1日の中国の国慶節（建国記念日）の日、「国慶（国の喜び）なんてない、国の傷があるだけだ」とデモを呼び掛けた。しかし警察はこのデモに対する反対通知書を出し、陣線側は上訴したが棄却された。大勢の香港人は当日、自発的に集まりデモを行った。10人の民主派人士はその後、逮捕され、無認可集会を組織し参与したという罪に問われた。

香港の現行の「公安条例」には「非反対通知書」制度が設立されており、決定権は警察側の手にある。警察に通知せずに、あるいは非反対通知書を得ずに集会を開いた場合、無認可集会とみなされる。

しかし、注意すべきは無認可集会と違法集会は同じではない。その差は「社会の安定を破壊する」行為があったかなかったかの違いだ。

過去の裁判での判例でいえば、無認可集会は起訴されても、罰金か自分の行為の過ちを認めて社会奉仕を行うなどの処罰で済んでいた。しかし２０１９年の反送中運動以降、状況は変わり、同様の起訴でも重い量刑が科されるようになった。

２０１９年6月21日の警察総部を包囲するデモ事件では、黄之鋒、林朗彦、周庭らが、「無認可集会」に参加した罪などで7カ月から13・５カ月の禁固刑判決を受けた。同年８月18日集会、８月31日デモの件では、李柱銘、黎智英ら民主派元老９人が「無認可集会」参与の罪で6カ月から18カ月の禁固刑判決を受けた。また２０２０年6月４日の天安門事件追悼キャンドル集会に参与したことで、黄之鋒４人が４カ月から10カ月の禁固刑判決を受けている。

元社民連主席の陶君行は「ラジオ・フリー・アジア」（ＲＦＡ）の取材に対し、自分自身が過去に2006年と2012年に「無認可集会」を行い協賛した罪で、それぞれ500元と2000元の罰金支払い命令を受けたことを振り返り、「以前は無認可集会は決して重罪ではなかった。あの頃は、こんなふうになるなんて想像もしなかった」と語った。

「重罪というのは、暴力に関わることで、公共の安全や他人の自由を阻害することだというのが私の理解だった。平和な集会が、たとえ批准を得られなかったとしても、それは実際、些末《さまつ》なことであり違法駐車と同じくらいのものだ」

陶君行は2019年の反送中デモ以降の香港司法の判決について、香港には司法の独立があるのかどうか疑わしい、とした。法治は完全にひっくり返り変わってしまった、と。こうした香港司法の判決は、集会や意見表明の権利を認めている「基本法」を深刻に弾圧するものであり、責任は政治家たちが負うことになると話す。

この判決は、折しも天安門事件32周年の1週間前に行われた。香港警察はすでに2021年の六四（天安門事件）追悼デモ、集会に対し「反対通知書」を出しており、認可していない。2021年6月4日、ビクトリア・パークはものものしい警備によって完全封鎖され六四追悼集会は1990年に始まって以来、初めて行われなかった。だが多くの香港市民が街中で、あるいは自宅の部屋で、ロウソクの火を灯し、天安門事件の犠牲者と香港のために祈っていた。

（『中国趣聞』２０２１年5月29日改変）

6　自由の弔いの鐘がなった、蔡玉玲事件

真実が有罪になる怖さ

若きから老いまで民主化運動家たちが捕まり裁かれる一方で、香港メディアも一気に中国化していった。香港最大のメディア人、黎智英に、見せしめのように実刑判決が積みあがっていくのをみれば、もはや誰も報道の自由をまもろうという勇気が保てない。

だから、恐らくは最後の一握りの本物のジャーナリストの1人でもある、香港電台（ＲＴＨＫ）の人気番組『鏗鏘集（香港コネクション）』のプロデューサー、蔡玉玲が道交法違反虚偽申告で有罪判決が出たというニュースは、香港の報道の自由への弔《とむら》いの鐘のようにも聞こえた。

蔡玉玲が「元朗白シャツ事件」を題材に番組をつくったとき、事件関係車両のナンバー

プレートから所有者を割り出すために政府のナンバー照会システムを利用したことが、道交法違反虚偽申告に当たるとされた。

利用の際に申告する利用目的が虚偽であったとして2020年11月に逮捕、起訴され、2021年4月22日に有罪判決が出た。香港記者協会は「報道の自由に対する弾圧」だとして、判決を強く批判している。

RTHKは香港の公共放送だが、かつては香港のBBCと呼ばれるほどの徹底した中立報道で知られ、香港コネクションという番組は、香港政府にも中国にも忖度しない特集報道番組として人気があった。

2019年7月21日に元朗駅で反送中デモに参加した帰りの若者たちを狙って、白シャツの集団が、駅構内や列車車両の中の乗客たちを無差別に襲撃した事件（「元朗白シャツ事件」）の真相に迫る「7・21　誰主真相」を制作した蔡玉玲は、2020年、事件の関係車両の所有者を調べるために、政府の自動車ナンバープレート照会システムを利用。このとき、申請書に「道路交通状況証明書」を取得するためと書いた利用目的が虚偽だった、というわけである。

3月、この事件について公判が行われ、結審していた。蘋果日報によれば、西九龍法院の判事、徐綺薇は4月22日の判決で、「被告は明らかに交通運輸と無関係車両のナンバープレートを調べるためにシステムを利用しており、その動機が良いものであったとしても、利用申請理由に虚偽があるため、虚偽申告罪が成立する」とした。

さらに2回、こうした虚偽申告を行ったとして、1回の罰金を3000香港ドル、合わせて6000香港ドルの罰金刑を科した。およそ8万円に相当する。香港メディアの指摘によれば、虚偽申告罪は最高5000香港ドルの罰金か、禁固6カ月。

法院の判決当日、大勢のメディアが裁判所の周りに集まり、蔡玉玲に声援を送った。「恐れず、怯えず、私欲なく、真相と自由を守れ」の標語が掲げられた。蔡玉玲が法廷から出たときメディアの取材を受けていた。彼女は涙を浮かべて「有罪判決を認めない。この結果は受け入れがたい」と語った。上訴するかについては、「考える時間が必要だ」と語った。

彼女は「私は法廷の判決は一個人のものではない、と考える。これはマスコミ業界全体の問題であり、香港のすべての記者にとって、法廷判決が将来的に影響を与える。今後、真実を調べる方法が有罪になる。法廷の判決は不合理であり、報道の自由を制限し、報道の自由と公衆の利益、公衆の知る権利の間にあるバランスがなくなるということだ」と訴えた。

報道業界に向かって、天職としてその使命をまっとうし、あきらめるなと訴えた。支持者たちは拍手で彼女を励まし、「取材無罪！」のシュプレヒコールを上げた。

香港メディアの暗黒の日

蔡玉玲の事件は、香港メディア関係者に大きな懸念を与えている。北京はますます香港の報道の自由に対する弾圧を強めている。

香港記者協会主席の楊健興は蔡玉玲に付き添って法廷に来ていたが、判決が出たとき、「香港の報道の自由の弔いの鐘がなった」と形容した。

「今日の法廷での判決の定義は、最も狭隘《きょうあい》な演繹《えんえき》であり、このロジックを使えば、基本的に記者はどんな取材も不可能になってしまう。メディアに対する調査のやり方に大きな影響を与えるだけでなく、メディアが権力に対する世論監督者としての機能を失うことを法廷が肯定したということだ」と語った。

香港記者協会、RTHKの番組スタッフ協会など8つのメディア従事者の組合、団体は合同で法廷の裁定について、「過《あやま》ちの上に過ちを重ねた」「香港のわずかに残る報道の自由をひどく破壊した」との声明を出した。「きょう香港は、記者が職能を履行し、公衆の利益のために情報を明らかにしたという理由で、刑事責任を負わされ、報道界にとって暗黒の1日となった。香港にとって恥じるべき1日となった」。

RTHKのスポークスマンは判決について論評はしなかった。ただRTHKプロデューサー組合主席の趙善恩は「メディアが第4の権力であるのは特権ではなく、大衆の権力の腐敗に対する監督を支援するだけである。報道関係者はよもや今のような境遇に直面するとは想像すらしなかった。蔡玉玲は勇猛果敢《ゆうもうかかん》に報道の価値を信じた。報道の自由を認め合った友人とともに蔡玉玲に感謝を伝えたい」と述べた。

香港コネクションの7・21特集番組は、2020年7月に放送された。7・21白シャツ事件から1年後の状況について、監視カメラに残る当時の白シャツの車両を、政府のナンバープレート照会システムを使って持ち主を割り出し、直接インタビュー取材を行うという果敢な内容だった。

記者の取材は、ときにぎりぎりの手法を使う。たとえば、日本でもよくある関係者のリーク。これは公務員の守秘義務違反、あるいはその違反をそそのかしたという意味では、記者の取材手法はグレーだろう。しかし「報道の自由」「国民の知る権利」というのは、基本的人権にも通じるものであり、権力に対する国民の世論監督に役立つという目的であれば、国際的な共通認識として許容されるものだ。それほど、国民の知る権利、報道の自由というのは、バランスの取れた公正な社会の実現のために必要なものと認識されている。

政府のシステムを使わなければ、犯罪に関わった白シャツ集団の正体がわからない。その白シャツ集団が、香港政府とつながっている可能性もある。取材のため、という理由を書けばシステムを利用できない恐れもある。となれば、完全に事実とはいえない利用目的を書かざるをえない。

たとえば、取材に応じれば守秘義務に違反する人物と会うとき、取材と称さずに、たまたま居合わせた体裁をとったりする。

香港は伝統的に報道の自由が重んじられており、こうした取材手法は、日本より本来、よほど寛容に受け取られてきた。だから香港は報道天国、メディア天国と呼ばれた時代もあったのだ。しかしながら、今や香港の大手報道機関は中国並みの厳しい監視、センサーシップ（検閲）に遭い、共産党の宣伝機関に成り下がりつつある。

その中で唯一、頑張っているのが、セルフメディアや学生メディアの若者たちなのだ。

精神は収監できない

もし、香港のために私たちに何かできることがあるとすれば、セルフメディアや学生メディアの若者たちを応援することだ。彼らはSNSや動画配信サイトなどニューメディアツールを使って香港の問題をなんとか伝えようとしている。インターネットの世界は中国の厳しい統制と監視の網が広がっているが、まだ香港のネット環境は中国ほどの厳しいセンサーシップを受けておらず、彼らの声はかろうじて聞こえる。

日本語や英語が扱える彼らにその声を発信する媒体や場を提供することができる場合も

あるだろう。とにかく、彼らの声に耳を傾けてほしい。そして、良心の囚人となっている民主派の若者や元老たちの身を案じつづけてほしい。私たち普通の日本人の香港への関心と同情が、日本政府の香港問題への対応と姿勢をつくり、あの民主と自由と法治の輝ける都市であった香港を取り戻すために国際社会と共闘していく決心につながっていくであろうと考える。

２０１７年8月17日、雨傘運動の「違法集会」に参加したとして禁固6カ月の判決を受けた黄之鋒は収監前に有名な言葉をフェイスブックに書き残した。「体を収監できても精神は収監できない」。この〝精神〟は言論に言い換えることができる。彼らが言葉を発し続けている限り、そしてそれに私たちが耳を傾け続けている限り、香港の自由を求める精神はまだ敗北していないし、香港に自由を取り戻す可能性はあり続けるのだ。

（『中国趣聞』２０２１年4月27日）

7 ウイグル強制収容所の恐るべき実態

「強姦は一種の文化」

中国の超管理国家について語るとき、ウイグルの問題は外せない。中国にとって新疆ウイグル自治区に導入した管理統制システム、洗脳手法は1つの大いなる実験であったといえる。将来、この実験成果は、中国全土どころか香港や台湾やＡＳＥＡＮ諸国に応用され、やがてはアフリカや東欧に広がっていくかもしれない。中国の野望がポストコロナの国際社会であらたなルールメーカーとなり、世界を中華式秩序と価値観で統制して行きたいと密かに思っている。それに日本は巻き込まれたくない、その中華式管理社会の膨張に抵抗したいと思うなら、今、新疆ウイグル自治区で起きていることを知る必要がある。

中国共産党政権によるウイグル人権弾圧については、２０１９年に拙著『ウイグル人に何が起きているのか』（ＰＨＰ新書）で詳しく書いたのだが、それ以来、実はほとんど何も解決していない。いやむしろ悪化している。

２０２１年に入ってウイグル人権問題で最も衝撃的な報道は、ＢＢＣによる、新疆の強制収容所からの女性生還者のインタビューだろう。

BBCの報道で、42歳のトゥルスネイ・ジアウドゥンさんが2018年に新疆ウイグル自治区イリ自治州新源県の強制収容所に9カ月間拘留された間の体験を次のように語っている。「ある夜中、マスクをし、背広を着て革靴を履いた漢族の男が収容所にやってきて、気にいった女性を選び、廊下の先の部屋に連れ込まれた」。彼女も、何度か選ばれたのだった。毎晩のように、女性が牢屋《ろうや》から連れ出され、その部屋で漢族の男に強姦《ごうかん》されたという。彼女も複数の男に三度、虐待を受け、輪姦されたと証言した。

BBCは、彼女の証言を完全に裏付ける方法はないとしながらも、彼女が提示した旅券証や出入境記録などの書類と、事件の発生した時間の整合性、また彼女が描写した収容施設の配置などと衛星写真図像との分析が合致していることなどを挙げて、その信憑《しんぴょう》性を訴えていた。彼女の施設内での日常生活の描写と受けた虐待の具体的な方法は、他の収容所生還者との証言とも基本的に合致していた。

BBCはさらに、1年半、強制収容所に収容されていたカザフ人のグルジラ・アウエルカーンさんの証言を引用。彼女は拘留中、着ていたウイグル風の衣類をはぎ取られ、裸にされて手錠をかけられ、独房に入れられた。その後、外部の人間と思われる漢族や警察と思われる男たちが部屋に入ってきて、強姦されたという。

またかつて強制収容所で中国語を教えるように強いられていたウズベク人女性のケルビヌル・セディックさんは、ワシントンに本部があるウイグル人権プロジェクト（UHRP）に、女性生殖器に電気警棒を突っ込まれる拷問を受けている収容者がいたと証言している。彼女は、「収容所では建物全体に響きわたるような悲鳴がいつも聞こえていた。昼食を食べているときも、授業を行っているときも聞こえた」と訴えた。彼女はBBCに対して、ある漢族女性警官から、「強姦はすでに一種の文化」だという発言を聞いたと証言。漢族警官はウイグル女性を強姦するだけでなく、しばしば電気警棒で拷問を行っていた、という。

中国外交部の汪文斌《おうぶんひん》報道官はこのBBCの報道について、証言者の女性たちが「俳優」であり、報道自体がフェイクだと主張した。だが、電気警棒を性器や肛門に突っ込む拷問は、私自身が、チベット人記者や、天安門事件で政治犯として投獄経験をもつ亡命華人から間接的、直接的に経験談を聞いたことがある。痛みとともに人間の尊厳を破壊する最も効果的な拷問として、中国では伝統的な手法なのだ、と。どちらの言い分が真実に近いか、といえば私は自分の取材経験とも照らしあわせて、BBCのほうを信じるのである。

ウイグル人の人口が激減した

BBCをはじめとする西側メディアがたびたび引用するのは、ドイツの中国学者、エイドリアン・ゼンツ氏が中国の公式統計や研究を整理して報告した2つのリポートだ。1つは2020年6月29日に出された「中国政府の新疆ウイグル族出生率抑制キャンペーン：強制避妊、強制堕胎」。これはウイグル人口の集中するホータン、カシュガル地域の出生率が2015年から2018年に至るまでの間で60％も激減していることなどが、公式統計を根拠に指摘されている。

また、2015年から2018年の間に少なくとも200万人の漢族を中国各地から新疆地域に移民させ、特にウルムチや新疆生産建設兵団地域におけるウイグル人の人口比率を下げようとしていることなどをあげて、中国政府が政策としてウイグル人の種族絶滅、つまりジェノサイドを目的としていると訴えた。このリポートが、ポンペオ前国務長官が中国のウイグル弾圧をジェノサイドと認定する大きな根拠の1つとなった。

もう1つのリポートは2020年12月に出された「新疆強制労働：綿花詰みのための少数民族の労働移動と労働派遣」。これは2019年12月に中国天津市の南開大学が出した「新疆ホーテンにおけるウイグル族労働力移転による貧困支援工作報告」をもとに、ゼンツなりの解釈と補足調査を伴ったリポートだ。2019年に、およそ57万人のウイグル人労働者が「脱貧困」の建前で新疆生産建設兵団地域の国有綿花農場など農場に労働力として動員されていることが、強制労働に当たり、新疆地域のウイグル農村の余剰労働力

160万人が労働搾取のリスクにさらされているという警告を発したものだ。この元になる南開大学のリポートは「誤ってネット上に公開された」として、中国のサイト上では削除され見ることができなくなっている。

このゼンツ氏の2つのリポートについて中国当局は事実を曲解、捏造《ねつぞう》していると批判している。だが、その後、BBC、APなど欧米メディアが周辺取材をし、この2つのリポートの信憑性を高める報道を行っている。

今現在、新疆の強制収容施設、再教育施設、職業訓練施設にどれほどの人たちが収容されているかはわからない。2018年当時、100万人とも、のべ数百万人とも推計されていたが、それを誰も証明することはできない。また中国当局も、強制収容の事実がない、職業訓練施設であり、自由に出入りできると主張しているものの、それを証明する努力はしない。

強制避妊も強制労働も、中国側はウソだ、彼らが自分から希望してやっていることだ、と主張するが、言論の自由のない監視社会での「本人の希望」に、どれだけの説得力があるのだろう。西側メディアが新疆ウイグル自治区に取材にはいると執拗《しつよう》な尾行、妨害にあう。この事実一点をとっても、中国の主張に説得力が持てないのだ。

国連のジェノサイド条約の定義は

①集団構成員を殺すこと。
②集団構成員に対して重大な肉体的又は精神的な危害を加えること。
③全部又は一部に肉体の破壊をもたらすために意図された生活条件を集団に対して故意に課すること。
④集団内における出生を防止することを意図する措置を課すること。
⑤集団の児童を他の集団に強制的に移すこと。

今、中国共産党がウイグル人に行っていることは、ほぼすべてこの定義に当てはまるといわざるを得ないだろう。

テロリスト予備軍と位置付けた習近平

ところで、なぜ、中国でウイグル人がこれほどまで過酷な弾圧を受けるのだろうか。それはウイグル弾圧の歴史を知る必要がある。簡単に復習しておこう。

清朝が征服したジュンガル・タリム盆地はその王朝末期の衰退期、その土地をとりもどすべくチュルク系イスラム王朝の末裔たちが聖戦をしかけていた。当時の世界情勢の混乱に乗じて、1933年カシュガルで、東トルキスタンイスラム共和国の独立宣言が行われた。だが、それを国際社会が認める前に、ソ連軍の介入によってあっけなく滅亡。この後の新疆地域は、ソ連の影響力を強く受け1944年に誕生した東トルキスタン共和国もソ連の軍事支援を受けていた。このままソ連の衛星国なると思われたが、ソ連は国民党政府との密約によって、東トルキスタンの支配権を外モンゴル・満州の権益とのバーターで売り渡してしまった。

その後、国民党政権との連合政権をへて、旧東トルキスタン指導者のアフマト・ジャンおよび閣僚によるイリ自治政府が一応、独立した政府の格好をかろうじて保っていた。国共内戦の決着がつく直前に、中国共産党政権はソ連との合意にもとづいて、アフマト・ジャン率いるイリ自治政府に接触。北京の協議に呼ばれたアフマト・ジャンと旧東トルキスタン閣僚が搭乗した飛行機がイルクーツク付近で墜落した。指導者と閣僚を失った政府は、そのまま中国共産党政権に飲み込まれてしまった。

この後は解放軍の進駐によって反抗的なウイグル人を一掃。だが一度ならず独立国を作った民族の抵抗が簡単に終わるはずもなく、血まみれの抵抗と弾圧、粛清が延々と続いたのだった。

文革が終わり、改革開放がはじまると、新疆に対する経済搾取が本格化した。豊かな土地での綿花やトマト、ホップなどの農産物生産、石油ガスなどの天然資源開発は、ウイグルの土地に築かれた漢族の植民王国の象徴として、長きにわたって虐《しいた》げられたウイグル人たちの敵意をさらに刺激した。

そのころ国際社会でイラン革命、ソ連のアフガニスタン侵攻、イスラム原理主義の台頭などの流れの中で、東トルキスタン独立運動も再び活発化してきた。改革開放により東トルキスタンの地に漢族が増え、その漢族がウイグル人を搾取する形で貧富の格差が拡大し、漢族vs.ウイグル人の対立構造はより先鋭化した。

もちろん、文革終結後に、中国の指導者となった胡耀邦は民族融和を唱え、1980年代のほんの一時期、民族区域に自治権を付与する法的整備に着手したこともあった。胡耀邦時代、新疆では一度もウイグル人による武力抵抗事件が起きなかった。だが、こうした民族融和時代は、胡耀邦失脚とともに終わる。

旧ソ連が崩壊すると西トルキスタンに当たる中央アジアの国々が独立、これに触発される形で新疆のウイグル人たちの独立運動が活発化。1990年代はタリバンらイスラム原理主義派の影響を受けた過激なウイグルの若者たちによる武力抵抗が活発化した、中国側も容赦なく武力鎮圧し、無関係な市民を巻き込む凄惨な事件がいくつも起きた。1997年のグルジャ事件などはその典型といえる。

2001年、米国で9・11（米中枢同時多発テロ）が発生し、これをイスラム過激派アルカイダによるテロ事件として「テロとの戦争」を呼び掛けたことで、中国共産党政権のウイグル人弾圧にも、「テロとの戦い」という口実を与えることになった。だがこの頃のウイグル人による暴力事件の多くは、むしろ不当な経済搾取や1人っ子政策による強制堕胎への反抗など、漢族が起こす抗議運動や抵抗運動とさほど動機や手法は変わらなかった。

だが、1990年代の東トルキスタン独立運動の激しさを見てきた中国共産党政権は、庶民のこうした生活の不満から来る抗議運動、事件をもテロリズムだと断罪する傾向が強く、そのことがさらなる抵抗、反抗を呼んだ。2009年の7・5ウルムチ事件は、広東省の工場におけるウイグル人リンチ殺人事件に対する司法の不公平な態度への抗議がきっかけだった。だが、武装警察がこの抗議デモを銃撃で鎮圧した。

新華社報道で192人の死亡が報じられ、その後、デモに参加した容疑などで1453人以上が逮捕され、少なくとも9人が処刑された。この事件直後、ウルムチに住む若いウイグル人男性はほとんど手当たり次第、何の証拠もなしに連行され、二度と帰って来なかった人も多かったという。

胡錦涛政権は、この事件の本当の責任が新疆ウイグル自治区の書記である王楽泉《おうらくせん》の汚職体質が引き起こすウイグル人搾取と貧富の差が原因であると見て、後任書記の張春賢《ちょうしゅんけん》に融和的政策を指示したが、ウイグル人の暴力的抵抗事件がむしろ増え、習近平らが胡錦涛政権の弱腰がウイグル人をつけあがらせた、と批判する口実となった。

習近平政権は、ウイグル人すべてがテロリスト予備軍であり、再教育が必要だという考えのもと、ウイグル人監視と洗脳を強化、最終的には陳全国という子飼いの部下をウイグル自治区の書記に任命し、種族絶滅ともいえる激しい管理政策を実施、今に至るわけだ。

日本は人権重視の姿勢を示せ

ウイグル弾圧は今に始まったことではない。なぜ今になって国際社会がウイグル問題を重視しているのだろうか。

1つは習近平政権のウイグル弾圧は、これまでのどの政権より過激で悪辣《あくらつ》だからだ。ハイテク技術の進化によって、これまでにない方法での監視管理システムを構築し、強制的に長期間収容し洗脳による精神支配を行い、その言語や信仰や文化やアイデンティティまでも奪うやり方は、毛沢東以来の残酷な手法といえる。

もう1つは国際状況の大きな変化だ。トランプ政権が2016年に誕生し、米中対立が先鋭化した。トランプ政権は中東、イスラム圏に対するテロとの戦争以上に、アジア・太平洋における中国の覇権を阻むことが米国の国家安全保障上の最優先事項と判断した。中国習近平政権は「偉大なる中華民族の復興」というスローガンのもと世界覇権の野望を隠さなくなり、今が100年に一度の世界の変局のとき、という認識のもと、中国を中心とした新たな国際社会の枠組み、世界秩序を構築しようと考えている。

つまり第2次大戦後のパックス・アメリカーナの国際社会を今のコロナ混乱期を経て、パックス・シニカに再構築しようという野望を習近平政権は隠さず、それを米国が阻《はば》むという構図の中で、米国陣営と中国陣営の間で、さまざまな「戦争」が起きている。それは貿易戦争、5G戦争、世論誘導戦、社会分断戦……。香港やミャンマーで起きている状況も米中対立構造の延長と考えるべきだろう。こうした「戦争」は比喩《ひゆ》ではない。中国が1990年代から打ち出している「超限戦」の定義に照らしあわせれば、これらの「戦争」は、国家の存亡と国際社会の再構築をかけた文字通りの「第3次世界大戦」だと考えるべきだろう。

この戦う2つの陣営を分ける大きな基準が人権を含む普遍的価値観になっている。開かれた民主的自由主義的価値観を持つものが米国陣営であれば、閉じられた権威主義全体主義的価値観を持つのが中国陣営だ。特に米国陣営が重視する人権の価値観の象徴が、今はウイグル問題、ということになる。ウイグル弾圧は国連のジェノサイド条約で定義するジェノサイドであると認定するかどうか。それは、米国陣営に入るか、中国陣営に入るか、という選択肢のどちらを選ぶか、ということにも等しい。

米トランプ政権のポンペオ前国務長官がいち早くウイグル弾圧をジェノサイドと認定し、

続くバイデン政権も同じ立場に立った。カナダ下院議会、オランダ下院議会はウイグル弾圧をジェノサイドと認める決議を採択、英国上院はジェノサイドを犯した国との貿易を禁止する貿易法修正案を可決。豪議会でも中国の人権侵害を組織的だとして非難動議が出された。EUは3月に中国新疆ウイグル自治区の幹部、当局者らに制裁措置を発動させた。これは前身組織時代も含めて30年ぶりの対中制裁となった。

さて、日本だけが今ひとつ曖昧な姿勢のままだが、開かれた民主的自由主義的価値観を守り、中国全体主義的価値観から世界と自国を守るために、米国らと協力することが最善の選択であることは自明のことだろう。

中国共産党政権によるウイグル弾圧の歴史は長く過酷だった。これほど長引いたのは、国際社会が見て見ぬふりをしてきた責任も当然ある。今、米国と中国の対立構造の成り行きでウイグル問題に光が当たったのは偶然か。だが、この機を逃しては、二度とこの虐げられた民が救われることはなく、消えていくしかない。

それは西側社会の価値観が、中国の価値観に負けることであり、中国中心の国際社会が再構築される、ということにつながる。人ごとではなく、自国の自由と平和と安全のために、日本はウイグル問題について旗幟《きし》鮮明にしなければならないのである。

（『Voice』２０２１年6月号改変）

第3部

奪われる経済・企業の自由

1 相次ぐ民営起業家の受難、習近平の標的に

「違法な資本収集」で連行

中国の超管理強化の網は中国の市場経済もがんじがらめにし始めた。企業家に愛国、報国を求める動きが強まり、中国共産党に批判的な企業家に対しては圧力が強まっている。特に民営企業に対しては、独禁法違反を理由にした高額罰金や、資産の国家接収、企業家の汚職容疑による失脚などが続き、「民営企業いじめ」と囁かれるほどの事例が相次いでいる。

河北大午農牧集団を創業した中国の著名な農民企業家、孫大午が2020年11月11日未明、突然警察に連行され逮捕された。この事件より1週間ほど前の11月3日には、カリスマ経営者の馬雲《ばうん》（ジャック・マー）が作り上げたアリババ帝国を揺るがす、金融子会社アント・グループ（旧アントフィナンシャル）上場取り消し事件があった。さらに11月17日には南京のIT企業・福中集団の会長、楊宗義が連行された。こういった事件は、この2年の間、数え切れないほど起きている。

楊宗義の事件について詳しく解説すると、江蘇省揚州市公安当局が民間から「江蘇福信財富資産管理有限公司が違法に資本収集した」という通報を受けて、オーナーの楊宗義を違法公衆資金預金横領の容疑で刑事強制措置として連行した。捜査によると、福信公司は高額のリターンがあると喧伝《けんでん》して大衆から資金を違法に収集していた疑いがあるという。

楊宗義は「南京最初の富豪」とも呼ばれた実業家で、南京市商会の副会長や南京市の政治協商委員も務めていた。幼いころ父親を亡くし、生活苦の中で南京大学化学部を卒業。空港で偶然出会ったシンガポール企業の社長に、流暢《りゅうちょう》な英語能力を気に入られて雇用され、南京市のパソコン市場開拓の仕事を任された。

そこで経験を積んだあと、1995年のITバブルの兆《きざ》しに目をつけ、20平方メートルに満たない事務所を借りて裸一貫でパソコン企業・福中電脳を立ち上げた。それが25年後、保有資産40億元の福中集団（元南京福中情報産業集団）に成長した。楊宗義は慈善事業家としても知られており、財界誌『フォーブス』の慈善家番付にもしばしば登場していた。

だが2020年1月に、福中集団四川有限公司は、同社のビジネストラブルを仲裁した地元の成都市成華区人民法院から指導を受ける。そして5月になっても法院が指導した改善が見られないことから、「消費制限」裁決を受けることになり、その成功物語に陰りがさしていた。

消費制限令を受けると、生活や仕事に必要ない高額の消費、たとえばラグジュアリーホテルの使用や飛行機のファーストクラス利用などが制限される。そもそも裁判所からこの処分を受けること自体が、いわゆる「信用スコア」の大きな減点になり、さまざまなリスクを負うことになる。

福中集団は「狼文化企業」（いわゆるブラック企業）と呼ばれており、社員の間に不満があったともいわれている。楊宗義自身が「春節休みの4日以外、1年中毎日、決まった時間に出勤する」というモーレツ社長で、誰も社長に逆らえない状況だったとされ、その意味では敵の多い人物であったともいえる。

だが、今回、楊宗義が連行された理由が、本当に経済犯罪のみといえるかどうかは微妙だ。

癇に障った？　馬雲の発言

アリババ子会社アント・グループの上場中止事件は、日本メディアも大きく取り上げたので知っている人が多いだろう。2020年11月5日に予定されていた中国最大手Eコマース企業アリババ傘下のフィンテック企業アント・グループの上海・香港同時上場が急遽《きゅうきょ》取り止めになるという事件が起きた。アントの上場は中国証券市場最大級の新規株式公開

（IPO）と注目されていた。

11月1日にアリババ創始者の馬雲と企業幹部が中国金融当局に呼び出されて、「面談」した結果、3日に上場取りやめが発表された。この上場取りやめは習近平自らの命令によるものだったと一部で報じられている。

上場取りやめの理由については、アントの目玉商品である「花唄」「借唄」といった個人経営者向けクレジット・ローンや消費者金融が、本質は銀行の発行するクレジット・カードやローンと同じなのに、民営フィンテックであるがゆえに規制の網をくぐり抜けていたことや、こうした民営企業も対象にした少額ローンに関する法規が間もなく出されることなどが背景にあったと思われる。

だが、それ以上に囁かれているのが、馬雲が10月24日に上海で行われた外灘金融サミットで、中国内外の規制がイノベーションを阻害し、発展や若者の機会を大切にしていないことを批判した発言が習近平の癇《かん》に障《さわ》ったのではないか、という理由だ。

中国では、習近平政権が好ましくないと思っている企業に対して圧力がかけられる事例がいくつか続いていた。

2020年7月には、明天系の金融・保険企業9社の資産が「経営リスクがある」として当局に接収された。明天系と呼ばれるトゥモロー・ホールディングス創業者は、香港の高級ホテルから北京当局に拉致《らち》されていまだに行方不明扱いの大富豪、蕭建華が創業者だ。彼の失踪《しっそう》（実は北京で拘束されている）が経営リスクを招いたという意味では、大企業の富が、体制の罠《わな》によって奪われたという言い方もできなくはない。

また9月には、民営企業ではないが上海光明乳業が「国家の尊厳と利益を損なった」として30万元の罰金が科された。同社の広告に、中国の南シナ海領有を示す九段線が描かれていなかったことが原因だった。

企業に「愛国・救国」を求める

こういう企業、実業家たちの受難の真の理由は、習近平が最近、実業界、経済界に対して打ち出したイデオロギーが大きく関与していると私はみている。

習近平は11月12日に江蘇省を視察に訪れた際、南通博物苑を訪れ、清末の実業家・張謇《ちょうけん》の展示を参観。張謇を中国民営企業家の先賢《せんけん》と模範にするように、との談話を発表している。張謇が創設した中国初の民間博物館、南通博物苑を愛国主義教育基地とし、多くの青少年が張謇に学び、習近平が掲げる4つの自信（社会主義への道、制度、理論、文化に対する自信）を固めるようにと訴えた。

習近平が張謇に言及するのは2020年に入って2度目だ。1回目は7月21日に行われた企業座談会である。習近平は5人の愛国企業家模範に言及し、その中の1人が張謇だった。

張謇は1894年、42歳で科挙の状元（最終試験で1位の成績を修めた者）となり、清朝最後の皇帝・宣統帝《せんとうてい》の退位詔書を起草、民国臨時政府樹立後は実業総長となった。実業家として、最初期の民族軽工業を起こし、日本の博物館制度や教育制度に影響を受けて博物館や学校をつくるなど、中国近代化の先駆者と呼ばれている。

同時に「実業救国」を掲げた愛国主義者であり、袁世凱《えんせいがい》が壬午事変にどう対処すべきかを張謇に訊ねると、「朝鮮善後六策」を出して、李氏朝鮮を併合して中国領土とし、日本を攻撃して琉球（沖縄）を奪取すべし、と助言した。

習近平が張謇を取り上げて民営企業家に伝えたかったのは、「実業」と「愛国・救国」はセットでなければならない、ということだろう。つまり実業家たちに求めることは経営手腕のみならず、富国強兵のための国と党への献身だ。

企業運営チェーンには国境がないが、企業に祖国はある。祖国に対する崇高な使命感と強烈な責任感があるかどうかが企業家に最も求められることであり、言外に「民営企業が儲けた金は国家と党のために使え」「党と国家に批判的な企業はいつ取り潰されるとも限らない」ということを示しているのではないか。

習近平のこうした企業家に対するイデオロギーチェックは、2018年の民営企業座談会で「企業家精神を掲揚し、愛国敬業をなし、法を守って経営し、創業イノベーションを行い、社会に報いる模範たれ」と演説をぶって以来、顕著となった。

民営企業は「改革開放牧場」の家畜

愛国・愛党を理由に民営資本を弾圧するやり方は、かつて毛沢東が地主やブルジョアや知識層を弾圧した歴史に通ずるものがある。

地主や土豪、知識人たちを階級の敵として、「土地や富を奪い弾圧してもよい」というシグナルを共産党トップが出すことで、政治や社会に不満を抱える庶民の攻撃の矛先が「ブルジョア・金持ち」たちに向かい、社会主義体制への批判が削《そ》がれるということを、習近平は毛沢東に学んだのかもしれない。

また、民営企業家の多くは裸一貫から大企業家になったカリスマが多く、馬雲のように国際社会からも支持されていたりする。習近平と比較しても指導者としての資質が高い。自分の長期独裁政権確立の障害となりそうな有能な政治家を、反腐敗キャンペーンの名目で排除してきた習近平にとって、カリスマ経営者は自分の無能さを際立たせる脅威の存在に思えるかもしれない。

2020年10月の第5回中央委員会全体会議（5中全会）で習近平政権は、国際環境の変化に対応して、経済政策の柱として「大国内循環、双循環」を打ち出した。この考え方の根幹は、〝共産党がコントロールできる経済〟である。今後も中国市場が西側自由主義市場からデカップリング（切り離し）される流れは止まらず、中国は自力更生、計画経済のスローガンに象徴される毛沢東路線回帰に寄って行きそうだ。

中国のカリスマ民営企業家たちは、鄧小平の改革開放路線の一種の産物だ。中国経済のグローバル化の中で資金とチャンスを得て、共産党とも利益供与関係を結ぶことで、限定的な自由市場を手に入れて成長してきた。だがこの自由市場は、所詮《しょせん》、共産党がつくった企業家の放牧場のようなものだ。共産党にしてみれば、牛や羊を肥え太らせ、ミルクや羊毛を収穫するように、企業家を育てていたに過ぎない。そこから利益を得て中国を世界第2の経済体にのし上げた。

だが、習近平政権は、この大きくなりすぎた「改革開放牧場」をより厳密にコントロールするために、牛や羊を間引く作業に出始めた。大きく、従順でない企業から屠《ほふ》れば、その他の企業は大人しく党に従順になろう。だが、そのような党に従順で大人しい企業、あるいは企業家に中国経済を牽引していくパワーがあるのかどうか。その答えは、たぶんこの数年で現れてこよう。

（『JBpress』2020年11月19日）

2 馬雲「失踪」の全舞台裏

相次ぐ「独禁法違反」

中国では2020年11月にアリババの子会社アント・グループのIPOの急な中止以降、アリババをはじめとするインターネット・プラットフォーム企業が「独禁法違反」のターゲットになって、厳しく取り締まられるようになった。

アリババ、テンセントに対しては、まず2020年12月に50万元の罰金が科され、この頃から、アリババやその傘下のフィンテック企業・アント・グループは国家接収されるのではないか、という憶測が流れ始めた。

ロイターなどの報道では、11月のアント・グループの上海・香港同時上場が急遽中止になったときに、アリババ創業者で大株主の馬雲（ジャック・マー）がアントの国有化を当局に提案していた、という話もある。また、11月以降、馬雲の動静が一時期不明で、失踪と騒がれた。

多くの人たちが民営保険企業・安邦保険集団の元CEOの呉小暉がしばらく「失踪」し

たあとに、詐欺や職権乱用で懲役18年の判決を受けて投獄されたときのことを思い出していた。安邦保険はその後、公的管理下におかれ実質国家に接収されることになった。

中国はなぜ急に独禁法強化の方策を打ち出したのだろうか。

実は、この方針は2020年12月の党中央経済工作委員会で打ち出された8つの重点工作の1つでもある。

具体的には（1）国家戦略科学技術パワーの強化、（2）産業チェーン、サプライチェーンの自主コントロール能力の増強、（3）内需拡大戦略の起点の堅持、（4）改革開放の全面推進、（5）種子と耕地問題の解決、（6）市場独占禁止の強化と資本の無秩序な拡張の防止、（7）大都市住宅の突出した問題を解決、（8）二酸化炭素排出量のピーク問題とカーボンニュートラル達成に向けた取り組みだ。

新華社報道によれば、「市場独占禁止を強化し、資本の無秩序拡張を防止する。市場独占禁止、不正当競争禁止は、社会主義市場経済体制をより良くするものであり、ハイクオリティー発展の内在要求を推進する」という。

力を持ちすぎたから…

中国としてはプラットフォーム企業のイノベーション発展を支持し、国際競争力の増強を掲げ、また公有制経済と非公有制経済の共同発展も謳《うた》っているのだが、同時に「法律工作をインターネット領域にまで伸ばさなくてはならず、インターネットが法外の地であってはならない」と強調しており、インターネット・プラットフォーム企業やフィンテック企業が、他業種よりも法の束縛《そくばく》がゆるく、不公平に優遇されているという見方が党内にあることがうかがえる。

エネルギーや電信分野の国有企業寡占のほうが市場独占という意味では深刻だが、そちらはむしろ共産党政権として数社の大手国有企業による寡占を推進し、民営や地方経営企業を接収したり再編したりしている。一方で民営フィンテック、テクノロジー企業、インターネット・プラットフォーム企業が独禁法違反として取り締まられるのだから、不公平の定義自体が共産党の都合で判断されている。

習近平政権の狙いは、党中央による経済のコントロール強化であり、市場をコントロールするためには大手国有企業の市場寡占は有利だが、民営プラットフォーム企業が力を持ちすぎることは不利である、ということなのだ。

引き金となった「事件」

アントの上場の急な中止は、銀行が受けるさまざまな資本規制や金利上限規制を受けずにきたフィンテック企業に対して、新たな規制をかける法律の準備が進められていることを受けてのものだろう。

この法律ができれば、アントには規制にひっかかる部分が出てくるとみられている。だが、こうした制度上の変化の流れ、というのはアント側も当局側も了解していたわけで、恐らくは水面下で交渉が重ねられてきたはずだ。

なので、上場の急停止の本当の理由は、習近平の馬雲に対する見せしめ的処罰ではないか、とみられている。

10月24日に上海で行われた金融フォーラムの場で、馬雲が「監督を恐れないが、古い方式の監督を恐れる」「中国にシステミックリスクがないのは基本的にシステムが存在しないからだ」と、強烈な皮肉を交えた中国政府への批判を行ったことが引き金だったというのが、海外メディアの共通認識だ。

折しも中国の債務バブルがいつはじけるとも限らないリスクを前に、既存金融機関の再編整理が始まっている中で、アントの事業で大儲けしているアリババ・馬雲の放言は見過ごせなかったということだろう。

中国当局はこうしたフィンテック企業への監督強化の第1歩として2019年に、アリペイ、ウィーチャットペイのチャージ資金を、人民銀行の当座預金に預けることを義務付けた。これまでは、こうしたチャージ資金はアリババやテンセントが自前で運用して少なからぬ利益を上げていたが、その利益を政府が接収した格好となった。

自らの権力を脅かす「敵」

馬雲の大胆な批判発言は、中央政府がじわじわとインターネット・プラットフォーム事業やフィンテック事業にかける規制や圧力に反発したものと思われる。

利用者10億人を超えるアリペイとEC市場の半分以上のシェアをかかえる天猫サイトなどを擁《よう》するデジタル経済圏の支配者の1人であるという自信、自負がひょっとすると、こうした恐れを知らない発言につながったのかもしれない。

馬雲はもともと反逆児的性格があり、2003年にアリペイ事業を始めるときに、金融分野に一民営企業が入り込むことで共産党から睨《にら》まれるかもしれないと噂がたったことに対し、「アリペイのために投獄されてもいい」とまで言ったといわれている。当時、共産党中央幹部の怒りを和らげるために中南海に日参している馬雲を新華門付近で見かけた、といった話を出入りの関係者知人から聞いたことがあった。

当時の胡錦涛政権も、また金融、インターネット方面に利権をもっていた上海閥も、馬雲を利用して自らの利権を拡大し、蓄財に励むことを選んだ。アリババのイノベーションに法整備が追い付かず、事実上放任になったといってもいい。

その無法空間に生まれた自由を利用して、馬雲はアリババ帝国を築いたのだった。

だが、習近平は江沢民や胡錦涛とは違い、経済や文化分野を含めたすべてにおいて党中央の指導力を発揮し、自分のコントロールの及ばない存在を許せない性格だった。デジタル金融とEC市場の支配者であり、海外からも信望がある有能でカリスマ性を持つ企業家リーダー・馬雲の存在自体が、自らの権力を脅かす敵であると思い込んでいるふしもあった。

アリババだけの問題ではない

アントの上場停止のあとは、アリババの独禁法違反による立件と調査が発表され、アリババの香港株はその日一日で9％の暴落をみた。馬雲は11月以降、その動静が途絶え、年明けて2021年1月3日までに、「馬雲財団」がプロデュースした企業家コンテスト「アフリカビジネスヒーローズ」の審査員であった馬雲の名前がホームページから消え、審査員が外されていることが発覚。欧米メディアが「馬雲はどこにいった？」と騒ぎ始めた。

ネットでは、プライベートジェットで深圳、香港経由でシンガポールまで逃げた、といった根拠なき噂まで流れていたが、それよりも、次に馬雲の名前が表ざたになるときは経済犯容疑者になっているのでは、という予測を言う人のほうが多かった。

いずれにしろ、アリババはこれまでのアリババではなくなるかもしれない、と固唾《かたず》をのんで成り行きが見守られている。

恐らく、この動きはアリババだけでなく、インターネット・プラットフォーム経済全体の雲行きを示している。騰訊（テンセント）、百度、美団、拼多多……こうしたプラットフォーム経済全体に党中央の指導強化が及び、いくつかの企業は国有化されたり、あるいは国家機関が最大株主になったり、あるいは人事権を共産党が握る形でのコントロール強化が進むのではないかとみられている。

なぜ、そこまで経済プラットフォーム企業がターゲットになるかといえば、もちろんフィンテック企業の影響力が中国の金融政策にとって見過ごせないほど大きいということもあるが、それ以上に、この新興分野はＡＩとビッグデータを駆使した膨大な情報量と解析力を持ち、しかも海外ユーザーも多い国際企業だからだろう。

アメリカも動き出す

たとえば、アリペイやウィーチャットのプラットフォームを共産党が接収すれば、中国が人民元国際化への道の切り札と期待を寄せるデジタル人民元がＥＣ市場を通じて国際社会での利用がスムーズに広がるし、こうしたプラットフォームの蓄積する個人情報、消費動向は世論操作や政治宣伝、統一戦線工作などを含めた情報戦にも役立つかもしれない。

今まで、この分野が、さほど厳しい監督も受けずに放任されていたことは奇跡だったかもしれない。

だが逆にいえば、アリババやテンセントがデジタル経済圏の覇者となったのは、中央政府の放任の結果、自由があったからだった。その自由さに、外国企業も引き寄せられ、彼らに投資し、多国籍な活力ある企業に成長した。今後、民営企業の自由が奪われていき、企業の利益、消費者の利益よりも党の利益を優先することを義務付けられるようになれば当然、その活力は奪われていく。自由のないところにイノベーションは生まれ得ないだろう。

また米政府は、アリババ、テンセントが解放軍関連企業として投資禁止対象にするかどうかを一時期検討していた。2021年1月の段階で、禁止に踏み切らない、という決断をくだしたようだが、仮に両企業が、今まで、積極的な解放軍協力企業ではなかったとしても、今後はそうなっていくことは確実だ。そうなったとき、米国の判断も変わるかもしれない。

バイデン政権は、トランプ政権時代より対中ハイテク企業に対しての制裁方針が甘くなるのではないか、という期待もあろうが、中国のハイテク企業は以前よりももっと共産党に支配され、西側自由社会にとっては警戒すべき存在になっていく。中国デジタル企業の多国籍なイメージは消え、共産党傀儡企業イメージに変わっていけば、海外の技術者や投資家たちも距離を取らざるをえないだろう。

数年前、「中国ハイテクすごい」「深圳すごい」と持ち上げられてきた民営ハイテク企業、インターネット・プラットフォーム経済にとっての冬の時代が始まる。

では、春はいつなのか。私は習近平独裁が終わらない限り、やってこないと思っている。新型コロナや大統領選の混乱から米国のパワーダウンが予想よりひどいので、冬は思いのほか寒く長いかもしれない。

(『現代ビジネス』2021年1月13日改変)

3　アント上場阻止は権力闘争だった

恩恵を受けるのは習近平の政敵

習近平は中国最大のフィンテック企業アント・グループをどうするつもりなのか、アント・グループの初の新規株式公開（IPO）をドタキャンさせた習近平政権の思惑について、米紙『ウォール・ストリート・ジャーナル』（WSJ、2021年2月18日）の内幕報道が話題になった。

このアント・グループ上場妨害の動機として、多くの専門家が、中国金融システムにとってアント・グループがより多くのリスクをもたらすという懸念があること、そして馬雲（ジャック・マー）が当局の金融コントロール強化に対して強い怒りを表明したことの2つを主要な理由として挙げていた。

だが、WSJが十数人の中国官僚や政府顧問を取材したところ、もう1つのカギとなる問題があった。それがアント・グループの複雑な株権構造だという。アントの上場で最大の恩恵を受ける人物、それが習近平政権の敵、江沢民ファミリーであったというのだ。

ＷＳＪによれば、アントのＩＰＯ直前、中央政府はある調査を行い、そのアントの目論見書の中で、株権構造が複雑で、背後に一見してわからない中国の権貴族（権力と資本を結びつける太子党などの利権集団）が含まれていることが判明。その中には、習近平とそのファミリーの政敵ファミリーが含まれている可能性があるという。

馬雲とアントの幹部は上場により３０００億ドルを越える企業価値がもたらされると期待していた。一方、習近平の権力はすでに毛沢東に例えられるほどで、反腐敗キャンペーンを利用して、さらにその勢力を強化しようという段階。だが、ＩＰＯが習近平が反対する金融錬金術を代表するものであり、しかも政敵に大量の資金をもたらす。

アントのアリペイアプリの利用者はすでに10億人を超えており、同時にユーザーの消費、金融データをビッグデータとして活用できる。しかも、フィンテック企業は２０２１年４月までは、金融持ち株会社とされず、厳しい資本規制や金融市場ルールに従う必要もなく、逆に、国有銀行が提供する大部分の資金はリスクを担う。ちなみに、アント・グループは中国金融当局により4月12日に呼び出され、銀行と同様の金融持ち株会社になるように求められた。これにより銀行と同様の規制を受けることになる。

おさらいすると、２０２０年10月24日の上海での金融フォーラムでは馬雲は、中国当局がフィンテックを金融業として規制をかけようとしていることに激しい不満をぶつける演説をしたが、そのことで、習近平はアントのＩＰＯを阻止せよと命令を下した。アント関係者や金融関係者がいくつかのメディアに漏らしているので間違いないだろうが、ここにさらに江沢民や賈慶林《かけいりん》のファミリーが間接的にアントに投資をしており、アントの巨大化が実際、習近平の潜在的な脅威になる可能性もあったことがわかった。

行く末は整理再編か

アント調査に関係した当局サイドの筋からＷＳＪが聞いた話では、江沢民と密接な関係のある政界、ビジネス界の人間が間接投資をしていたことが判明。なかでも江沢民の孫の江志成《こうしせい》が参与してできた中国のプライベート・エクイティ企業の博裕資本、元政治局常務委員の賈慶林の女婿、李伯潭が参与する北京昭徳投資集団の関与が習近平の警戒を呼んだという。

江志成と馬雲は２０１２年、ヤフー（Yahoo）が保有する半数のアリババ株を馬雲の代わりに買収したことから関係が深まった。江志成が創始した博裕資本、中国投資（チャイナインベストメント）、中国国家開発銀行、中信集団（シティック）の投資部門はじめ、こうした強大な政治人脈によってつくられた投資家コンソーシアムが、このときの取引に必要な71億ドルの相当の大部分の資金を提供していた。２０１４年、アリババがニューヨークに上場したとき、この投資家財団が保有する5％のアリババ株は一気に価格が上昇し巨大な利益をもたらしていた。

ＷＳＪによれば、博裕は２０１６年に迂回《うかい》方式でアントの早期投資者になっていた。その商業記録によれば、博裕資本は上海に子会社をつくり、その子会社を利用して上海の投資会社に投資、さらにその投資会社の名義で北京京管投資センターのプライベート・エクイティ企業に投資、北京京管がアント集団の株を購入していた。

北京京管は２０１６年にアントに累計２９１億元を投資した16企業の１つ。２０１８年に北京京管はさらに別の累計２１８億元のアントへの投資基金に参与していた。この二度の投資により北京京管はアントのトップ10大株主の１社になった。目論見書からは、博裕や北京京管の参与はわからないようになっている。

事情通によれば、習近平はアントの上場が、中国のこうしたアンチ習近平派太子党グループに巨大な利益をもたらすことを望まなかったという。習近平は、もともとこうした錬金術が収入格差を広げ、習近平の貧困をなくす努力を損《そこ》ねる、と考えていたという。また、こうした投資家たちは２０２０年、アントの上場申請が多くの監督管理機構の批准を受けられるよう、協力していたともいう。

中国人民銀行の官僚によれば、この株権構造があるからこそ、アントのような企業に対して監督管理規制が必要なのだと、ＷＳＪに訴えた。

馬雲はもともと中国経済がもたらすイノベーションは、中国をハイテク強国にするという政治指導層の目的と一致すると話していた。２０１５年に上海株の大暴落と経済の減速を経験し、それにより中国の政策が、資本の国有部門集中に方向が変わったことで、馬雲は本来、中国の指導層を喜ばせようと、上海、香港の重複上場を計画したのだという。だが中国指導部は馬雲への警戒心を解くことができなかった。

アントは金融持ち株会社となって銀行資本要件を満たすように整理再編されるだろう。恐らくは大型国有銀行やその他の形で政府機関がアントの株を購入し、国家の管理監督下に入ると思われる。そうなると現在のアントの株主の株権は希釈《きしゃく》され、習近平としても一安心、となるのだ。ＩＰＯは目下、アントの再編プロセスにはないという。

「第2の政権」を警戒

中国の改革開放は、紅二代、太子党に支えられてきたと言っても過言ではない。今、中国民営企業の代名詞になっているような大企業は多かれ少なかれ紅色資本家に支えられてきた。つまり共産党の特権階級とのコネクションをもつことで、規制を逃れたり有利な融資条件を獲得したりする代わりに、共産党中央に膨大な富をもたらす権貴構造だった。

習近平を好意的に見る人は、習近平がこうした中国の改革開放が産んだ権貴族を、排除するために、頑張っていると評価する。しかし、私は、こういう動きの本質はやはり権力闘争だと見ている。つまり自分の権力基盤を守るために、政敵になりそうな存在を排除する、ということだ。

改革開放時代に民営企業が誕生、成長したのは江沢民政権時代であるため、その利権の圧倒的シェアは上海閥になる。また、金融のプロフェッショナル、頭脳たちも上海閥に属している。

もはや上海閥という単純なひとくくりでは、表現できない広がりになっているが、共産党を資本家・金持ちの党にした紅二代、太子党グループと、貧困撲滅をスローガンに掲げ、毛沢東回帰路線を掲げる習近平政権とは、イデオロギー的に相入れないところがやはりあるのかもしれない。

もしアントのＩＰＯ妨害の理由が、上海閥の投資家潰しにあるのだったら、１９８０年代、１９９０年代、２０００年代に誕生、成長したほとんどの大民営企業が、習近平の敵と認識される可能性がある。

習近平は、ひょっとすると、太子党・紅二代投資家やそれと結びついている大民営企業、特にハイテク・プラットフォームと金融企業が米国のディープステート（闇の政府）と同じように、第2の政権になるかも、という懸念を持っているのかもしれない。
（『中国趣聞』2021年2月18日改変）

4 アリババの謝肉祭が始まる

馬雲の強大な影響力を恐れる

中国政府は、アリババに対してメディア資産を売却することも要求した。この中には香港英字紙『サウス・チャイナ・モーニングポスト』（SCMP）も含まれていることが、チャイナウォッチャーたちをざわつかせている。SCMPが中国共産党の英字機関紙『チャイナ・デイリー』になってしまうかもしれないと。『ウォール・ストリート・ジャーナル』（WSJ）によれば、売却要請対象の中にはSCMPのほか、新浪微博、動画投稿サイトbilibiliの株など、中国世論に大きな影響力を持つものが含まれている。中央政府は、馬雲がSCMPや新浪に現れる世論に影響力を与えている、と疑っているようだ。

WSJが引用している多くの消息筋の発言によると、中央政府はアリババの持っているメディア資産の巨額さに驚愕し、世論への影響力の大きさを懸念しているという。そしてこれは中央メディア、宣伝部系統に対する馬雲の強大な挑戦だとみなした。

アリババが所有するすべての資産メディアを売却するかどうかは不明ながら、アリババのすべてのプロジェクトは目下、中国ハイレベルの批准を経なければ進まない状況という。

馬雲はEコマース最大手のアリババ集団創業者と知られるが、資料によれば、その所有メディアは、紙面メディア、SNS、広告、映画など多様で、中でも新浪微博、bilibiliなど非常に影響力のあるSNSプラットフォームがある。

また中国メディアの「第一財経」「虎嗅ネット」「商業評論」など、中国官製メディアと一線を画した中国ネットメディア、さらに2015年に買収したSCMPがある。また、アリババは『新華社』など官製メディアとの合資・協力関係もある。

アリババ、馬雲の中国メディアに対する影響力は、実のところ、中央宣伝部に匹敵する大きさだという見方も。第一財経などは、新型コロナ肺炎報道では、いち早く、李文亮《りぶんりょう》事件の背景を報道するなど、習近平礼賛の官製メディアとは一線を画した報道をしている。

WSJは少し前、アリババの問題の背後に、習近平とアンチ習近平派の紅二代資本の対立があることを報じていた。

これら情報を総じて見ると、習近平が馬雲の背後にいる紅二代資本家たちを敵視しているということであり、彼らが馬雲を通じて、世論誘導を行おうとしていると習近平政権が恐れているから、アリババからメディア資産を奪おうとしているのではないか、という見方になる。

SCMPは党の機関紙に変わるのか

思い出すのは、2013年に広東省紙『南方週末』の新年特別号の記事が広東省宣伝当局の圧力にあって、直前に差し替えられた事件が起きたときのことだ。このとき、『南方週末』の編集者や記者らは連帯して抗議活動を起こし、世界を驚かせた。この事件は、グローバルメディアやSNSなどで大きく報じられ、新浪微博ユーザーたちもこれに連動して、中国国内で学者やメディア関係者、市民らが中国共産党の行き過ぎたセンサーシップ制度と報道の自由について当局を批判したのだった。

中国政府は恐らく、このとき、SNSの影響力というものをすでに感じていた。

もし、影響力あるメディアを、習近平の政敵が推《お》している馬雲、アリババがコントロールできるとなると、再び「南方週末事件」のようなことが起きるかもしれないし、習近平批判がSNSを通じて広がることがあるかもしれない。

金融学者の司令《しれい》はこう指摘する。「SCMPは、馬雲が買収したのち、自主検閲が進んでいた。だが、それでも、まだ〝姓〟を党にしてはいなかった（つまり、完全に共産党の宣伝機関にはなっていなかった）。まだ、香港メディアの一部分だった。だが、これでSCMPの〝姓〟が〝党〟になり、あるいは〝習〟になる。これは必然の趨勢《すうせい》だ」「姓が党になった場合、SCMPは重大事件を報道するとき、まず中央駐香港連絡弁公室の宣伝チームに連絡をする必要がある。さらに〝姓〟が〝習〟になれば（南方週末のように）、中共の官僚あるいは宣伝部官僚、あるいは人民日報、新華社が派遣する指導員がSCMP編集部に常駐し、直接指導することになる」。

一方、かつて、南方週末記者を務めたこともある香港中文大学新聞メディア学院助理教授の方可成《ほうかせい》は「SCMPと南方週末の性質は同じではなく、比較しがたい。南方週末は本来体制内メディアであるが、SCMPは以前も現在も商業メディアであり、短期間でチャイナ・デイリーになってしまうことはありえないと思う」

彼は香港の報道の自由が日毎《ひごと》に狭まっているとした上で、「中国政府がどのように商業メディアをコントロールするか、その方式を見ていかねばならない」と言う。「個人としては、長い観察期間が必要だと思う。すぐに改変は生じないのではないか」

ＳＣＭＰは２０１５年に馬雲に買収されたのち、外界からのその報道が変質し、中共官製メディアと同様の党の宣伝機関化するのではないか、と懸念されていた。

実際、ＳＣＭＰの報道は自主検閲が進み、中国批判報道はぐっと減った。だが、２０１７年に「ペニンシュラ・ホールディングスのシンガポール投資家がいかに習近平の側近とつながっているか」というタイトルの調査報道を報じ、シンガポール投資家の蔡華波がその年６月末に香港上海大酒店集団の株を大量に購入したことや、蔡の資産登記住所が、全人代常務委員長で習近平の側近である栗戦書《りつせんしょ》の娘の栗潜心《りつせんしん》と同じ住所であることなどを報じて、２人が夫婦関係であることを暴露。この種の持株方法が、太子党と関係のある中国大陸人が香港でビジネスを行う上でよくある手段であることを指摘していた。

つまり、習近平の側近の隠し資産の暴露記事だ。こういう報道から、ひょっとすると馬雲は習近平に批判的なのではないか、という憶測《おくそく》も出ていた。

アリババは、アント・グループという巨大フィンテック企業を保有、もともと香港、上海に同時上場する予定だったが、習近平の指導により急遽上場を中止。２０２１年３月にはアント・グループのＣＥＯの胡暁明《こぎょうめい》が「個人的理由」で辞任し、４月にはアント・グループは金融持ち株会社になることが求められ、そのプロセスで国有化されて行く見込みとなった。

またアリババは2021年4月10日には、独禁法違反として史上最高額の182億元の罰金を科せられた。いよいよアリババの解体が始まった、肥え太らせた民営企業資産を国家が貪り食う謝肉祭、などといった見方も出始めている。

習近平政権としては、国有銀行や官製メディアに匹敵する金融、メディア機構である一民営企業が牛耳る（しかもそのバックに習近平の政敵がいる）ことが許せなかったのだろう。

（『中国趣聞』2021年3月17日改変）

5 テンセントなど13企業に監督指導

「銀行の融資ルートを圧迫した」

中国当局は4月29日、中国人民銀行、銀行保険業監督管理委員会、証券監督管理委員会、外為管理局の4大金融管理機関が、騰訊、美団などネット金融プラットフォーム13企業に対して事情聴取を行ったと発表した。

潘功勝・人民銀行副総裁が議長となった聴取で、テンセント、度小満金融、京東金融、バイトダンス、美団金融、滴滴金融、陸金所、天星数科、360数科、新浪金融、蘇寧金融、国美金融、携程金融の13企業オーナーや代表が呼び出された。

金融学者の司令は「ラジオ・フリー・アジア」（RFA）の取材で、この事情聴取は、インターネット・プラットフォームと民間金融分野を分離させるために行われた、との見方を紹介した。

「聴取を受けたインターネット金融業は中国の銀行システムを迂回《うかい》し、中小企業顧客、個人経営者に対して金融サービスを提供してきた。こうしたインターネット金融業巨頭が中国の至るところで栄え始め、銀行の伝統的な融資ルートが圧迫されて来たことを、当局は見過ごすことができなくなってきたのだ」

この13企業はいずれもネット金融とセットになった総合経営を展開し、その市場規模も大きく、業界の影響力は極めて強い。このことはアリババが聴取を受けたのと同様、当局の企業に対する警告である、と受け取られている。

次の段階は国有化

浙江大学の社会科学者の陸鎮寧が「ラジオ・フリー・アジア」（RFA）の取材に答え

て次のようにコメントしている。

「経済領域で、国進民退（企業の国有化が進み民営企業が後退する）趨勢《すうせい》がさらに明らかになり、加速している。インターネット企業の経済活動は比較的活発であり、北京政府は今の状況のまま管理、コントロールを強化し制限を加える余力は恐らくない。次の段階として非常にありうるのは、その国有化だろう。国家の資本をこれら企業に投入し、実質の筆頭株主になることになる」

今回の聴取は、大型民営金融業の国有化準備に向けての、改革法案を持っているからこそ、新華社など国有メディアで大々的に報じられたのではないか、という。

陸鎮寧によれば、当局はこれら企業に対し非常に厳しい監督管理統制を行ってきた。

「インターネットにおける言論の自由、民間のSNSの自由な交流はこれら企業の経済形態に比較的有利であり、一種の通信形態、セルフメディア形態を作り出してきた。たとえば、淘宝、微信、QQなどのSNSだ。これらは取引や消費のためのプラットフォームというだけなく、大量のユーザーを集め抱え込むことになった」

公式統計によれば、微信ユーザーは12億人、淘宝ユーザーは8億人、QQは6億人。当局の最も懸念することは、こうした大量ユーザーに対する世論誘導力が、これらインターネット・プラットフォーム企業にはあり、いったん、何か突発性事件があれば、ネットを通じて、予測不可能な事態を引き起こすこともある、ということだという。

「つまり、ユーザーを団結させ、時にプラットフォームとパワーを凝縮《ぎょうしゅく》させて、共産党が非常に緊張し、警戒するような事態も起こしうる。このため当局は、これらネット企業に対して全面的かつ徹底的に統制、コントロールを強化する必要があった」

一方、司令は「当局は民営インターネット企業を整理、改革し、金融部門を切り離し、国有銀行に有利になるようにするだけでなく、民間世論をコントロールし、民営経済の発展を制限しようという、一石三鳥の狙いをもっている」と指摘する。

「政府にしてみれば、やはり民営経済の壮大な発展が本当に恐ろしいのだ。民営経済の発展と成長は、資本市場からの強力な支援と制度的な協力を得られるか否かにかかっている。しかし不幸にも、現在のアリババやアント・グループ、テンセントは、当局から全面的な圧力を受けており、これは国有経済が引き続き主流の地位を占めていることを意味している。民営企業の生存空間はさらに一歩圧縮される」

恐らくテンセント、京東、バイトダンス、百度、美団を含む34社のプラットフォーム企業は、期限を切って整理改善命令を出されるだろう。

共産党の指導に従え

「独禁法違反」というもっともらしい建前で、民営企業への指導、改善命令を行っている中国共産党だが、結局、民営経済の発展を恐れているのだろう。

なぜなら市場経済が発展し、民営経済が主流になれば、中国の体制、制度もそれに合わせて変わらねばならない。共産党の市場コントロールが効《き》かなくなっていくからだ。

そして経済活動を通じて豊かになり、広い見識を持ち、考える力を持った人民が、たとえばインターネット・プラットフォームを通じて発信力や団結する力を得ると、これは共産党体制にとっては脅威だろう。

しかし、政権が完全にコントロールできる市場など本当はありえない。開発独裁だの、権威主義市場経済というのは、資本主義経済の発展プロセスで一時的に現れるもので、中国はそのプロセスを経て市場経済を発展させてきた。中国はもはや権威主義だけではコントロールできない規模で、民営経済が発展している状況なのだ。経済をこのまま発展させていくには、政治と制度自体が民営経済に合うように変わっていかねばならない。

しかし習近平は、それを否定して逆走のエンジンをかけている。つまり民営企業を完全に管理統制し、国有化して行こうとしている。

これは中国民営企業だけでなく、外資にも関わってくる。ソフトバンクもトヨタも

2021年4月、中国大手配車サービスの滴滴出行との合弁企業設立にからみ、中国当局から独禁法違反として罰金を科されている。今は比較的軽い罰金ですんでいるが、滴滴傘下の滴滴金融は、今回、中国金融当局から事情聴取を受けた13企業の1つ。今後、当局の監視監督が厳しくなって行けば、さらに無体な要求を突き付けてくるかもしれない。

自由な民営企業と合弁事業をやっていたつもりでも、気が付けば、合弁パートナーの筆頭株主は中国共産党で、共産党の指導に忠実であることを命じられる。新たな事業を立ち上げるのも、資金繰りも、人事も、株の売却なども、企業利益や株主利益を無視して、共産党の指導に従わねばならないこともあるわけだ。

そんな中国企業から出資を受けたり、合弁事業をやる場合、日本企業も、中国共産党の無体な要求に振り回されたり、株主や消費者を裏切るような判断を迫られたりすることがないとはいえない。

それが企業のブランドイメージや信用の失墜《しっつい》につながれば、中国市場の儲《もう》けなどでは割に合わない損失ではないだろうか。

（『中国趣聞』2021年4月30日改変）

6 良心の農民企業家を拘束、孫大午事件

悪徳企業家にすり替える

中国にいじめられる民営企業家には、伝統的な社会主義思想を掲げる農民企業家も含まれている。

河北省の民営農業企業、河北大午集団の創業者、孫大午だ。2020年11月、突然当局に拘留されてから4カ月余り経ち「ラジオ・フリー・アジア（RFA）」が2021年4月7日、孫大午の弁護団の1人、楊斌にインタビューしたのち、なんと楊斌まで挑発罪の疑いで連行された。

孫大午は、農民の味方であり、真面目な共産党員である。貧困から身を起こし、農民により良い生活を、をモットーに起業した農民企業家であり、企業家の良心ともいわれていた。彼に対する「不当逮捕」で、習近平は共産党内の左派勢力らを敵に回している。

孫大午は2020年11月、家族、企業幹部ら28人とともに生産経営破壊、挑発罪といった訳のわからない容疑で逮捕された。

ネットでこの事件について疑問を提起する「大午事件十問十答」と題した微博投稿が、削除されては投稿されてきたが、この投稿者である、孫大午弁護団の1人の楊斌が、4月5日にRFAの取材を受けた2日後に逮捕された。容疑は挑発罪。まもなく保釈されたようだ。

楊斌はRFAに対し、孫大午がマフィアと関連していた悪徳商人の冤罪《えんざい》容疑をかけられる可能性について指摘していた。

その後、楊斌は個人の微博アカウント上で、自分と孫大午の2番目の弟の嫁、宴玉香が逮捕されることを公表。その理由として、彼らが孫大午不在のまま大午集団が開く第1四半期の会議で、「秩序を妨害しようとしたことが挑発罪に問われる、と警察に言われた」とコメントしていた。

楊斌のこの投稿はまもなく削除された。8日未明に彼女は保釈され家に戻ったと、微博で報告している。

中国当局はなぜ、孫大午をここまで悪徳商人に仕立て上げようとしているのだろうか。孫大午の長年の友人の程鉄軍（元マカオ大学社会学教授）は「完全に白黒を逆転して、良心的企業家を悪徳企業家のイメージにすりかえようとしている」と言う。

地元住民から慕われたリーダー

大午集団はもともと中国500強に入る大民営企業の1つで、農民出身の孫大午が農民の生活安定のために1984年に創業した。養鶏1000羽と養豚30匹からはじめ、30年の間に省レベルの農業産業化重点経営企業に成長。従業員9000人以上で、固定資産20億元、年あたりの生産値は30億元を超えるほどに成長していた。

この企業集団の従業員の多くは地元農民だ。企業は病院を経営して、地元農民と従業員に対しては1元で医療を受けられる手厚い福祉制度も導入。また地元農民の子弟に対しては、企業集団が学費を払って農業技術学校に無料で入学できるシステムも取り入れている。村自体が企業であり、企業自体が村という、かつての中国によくあった国有企業のスタイルに似ているが、完全に民営資本でやっているので「民営企業」である。

この大午集団の農業用地と従業員、その家族が暮らす地域は「大午城」と呼ばれている。いわば大午王国といってもいい。従業員と地元民たちの間では孫大午の評判は非常に良く、慕われているリーダーである。

2003年、同集団が事業を拡大しようと、地元農民に出資を募ったが、その行為が「農民の預金をだまし取った」という容疑となって、一度逮捕されたことがある。

だが各界が彼の釈放を呼び掛け、時の国家主席の胡錦涛と首相の温家宝は、比較的影響力の大きい民営企業家、農民企業家に対する事件の裁判は「慎重に処理するように」と指示。彼は軽い刑で済んだという。

程鉄軍によれば、孫大午は当時、「法に伏して罪を認めず」と言い、「自分はきっちりルールを守って仕事をし、間違ったことはしていない」と主張した。後に当局が彼を籠絡《ろうらく》しようと、地方の党書記の地位を与えようとしたが、孫大午は拒絶した。

「党の要職に就けば、党政とビジネスを分けることができない。私はただ企業経営に専心したいのだ」と語ったという。だが、このことが地方政府官僚に一種の疑念を生じさせていた。

社会学者でもある程鉄軍は、こうした大午集団のビジネスモデルの成功は、「共産主義社会における富国強民、労資共和の実践であり、共同富裕の理想そのものではないか」と言う。「孫大午は初心を忘れず、使命をしっかり覚えている良き共産党員であり、地元農民によりよい生活をしてほしいと願う企業家の良心を体現している」

中国当局は大午集団を接収するつもりでいるようだが、程鉄軍は「すでにこの事件は孫大午個人の問題ではなく、中国の民営企業、農民企業家の運命にかかわる問題だ」と訴えている。

つまり、習近平政権は中国を一体どの方向に導きたいのか、ということだ。国有企業改革の建前で、国有企業の債務圧縮政策が進められ、社債デフォルト、破産が相次いでいる。一方で、外資企業は、新疆《しんきょう》綿使用拒否などの発言を理由に、ボイコット運動が呼びかけられている。そして良き民営企業、農民企業も不当な理由で圧力を受けている。

その一方で、華西村のような「党の宣伝で有名になった」一部社会主義モデルの企業は国家の支援に頼り切り、借金を返済できない状況に陥り、そうなった途端に党が見放している。

「国家の発展方向は極めてリスキーだ」と程鉄軍は問いかける。「中国よ、一体どこに向かって走っているのか？（習近平が呼びかける経済スローガンの）内循環とは何なのか？」

忠誠が足りなければ粛清

楊斌は逮捕前に、ＲＦＡにこう語った。「目下、各レベルの政府は29人の工作チームを大午集団に送り込み、財務、従業員の行動の自由すべてに干渉。この結果、顧客も人材も流失し業務は赤字に転落、企業経営は深刻な影響を受けた」と言う。

同様の民営企業家で、すでに米国に脱出した元青海省政治協商委員の王瑞琴《おうずいきん》は、こんなコメントをしている。彼女が最後に孫大午にあったのは、２０１６年の北京天則経済研究所で行われた中国民営企業研究イベントで、すでにいろいろな圧力を受けていたという。

「当時、孫大午は私にこう言った。『農業プロジェクトは地元に根を下ろすものだ。だから最後まで頑張る』。今、当局は普通の民事の問題を、孫大午のプロジェクトを潰すために利用しているが、次のステップは彼の財産を没収することだ。マフィアと関わっていた、として収入を全部没収する準備をしている」

「共産党政権の本質と民営企業の存在はもともと対立するものであり、共産党は生産リソースの公有制を研究している。しかし国有企業の効率は低く、民営企業のほうが発展し、影響力も高い。孫大午は地元の影響力が非常に大きく、公共事業にも力を入れ、思想も開明的だ。しかし、中国の大環境はすでに変化し、孫大午のような存在を許容できなくなった」

「影響力のある民営企業に対し、政府はシステマチックな選別を開始した。すべての手段を使い、党に忠実で党と共に行く、という態度を取らない企業家に対しては、孫大午のような仕打ちをする。たとえば馬雲。彼のような、影響力が中国政府を超えるような人間ですら、忠誠が足りなければ粛清される」――。

程鉄軍は「大午集団は銀行のローンにも国家の投資にも頼らず、すべて自分でやろうとした。この種の企業は中国の誇りであるはずなのに、むしろ潰されようとする。庶民は反発するだろうし、このことは歴史の方向性に逆行する」と指摘する。

「良心があり、物事がわかる指導者ならば、慎重に検討しなければならない。我々はまだ、国家指導部は寛大で、寛容に大午事件に対応するだろうと信じている」。果たして、習近平にそのような開明さや寛容さがあるだろうか。

中国経済は、その市場の規模、需要を考えれば非常なポテンシャルを持つが、国有企業も民営企業も農民企業も外資系企業も、安心して企業経営に専念できず、企業利益よりまず共産党習近平への忠誠や賞賛を歌い続けねばならない。そのような市場が、持続的に発展可能かどうか。中国市場を重視する日本企業にも、今一度、中国の企業家たちに何が起きているのか、改めて検分してほしいと思う。

(『中国趣聞』2021年4月8日改変)

7 食事会すら許されない？　戦々恐々の起業家たち

宴会中に全員を連行

民営企業の受難は続く。

2021年5月5日、広東省中山市で約10人の民営企業家が、同市同楽大街のあるレストランで食事会を開いていると、警察に解散を命じられ、参加者は全員連行。翌日午前2時まで尋問されたという事件があった。最終的には釈放されたが、習近平政権が民営企業家たちの動向に神経を尖《とが》らせていることがうかがえる。

中国共産党建党100周年の2021年、各地の警察では民衆の会食、宴会に対して抜き打ち検査を行うことが増えている。広州市の公民活動家でも知られる王愛忠《おうあいちゅう》はSNS上で、5月5日に中山市で現地企業家たちが宴会を開き、捕まったことを伝えていた。

王愛忠もこの宴会に誘われていたが、彼を監視している公安警察国保（国家保衛部）から参加しないように言われ、参加しなかった。

王愛忠が7日に「ラジオ・フリー・アジア（RFA）」の取材を受けて答えたところに

よると、宴会に参加した企業家は、当局が禁止するような活動に参加したこともなく、また政治に関する発言をしたこともない、純粋なビジネスマン、商売人ばかりだったという。

王愛忠自身は、公民活動家として2013年の地元週刊紙、『南方週末』の新年特別記事が当局の圧力で差し替えられた問題に対する反対デモ「南方街かど運動」（2013年）の中心人物であったことから当局の監視下にあったが、他の企業家たちには特に「政治的前科」はなかった。

「現地の一部企業家は、根っからの商売人で、ビジネス以外の活動に関わったことはなかった。参加者の中には相当大きなビジネスをしている人もいた。彼らは10人ぐらいの人数で夜7時に一緒に食事をしていたら、突然、警察が乗り込み、彼らを全員連行した」

彼らは、派出所で尋問を受けて口述記録を取られたという。

王愛忠は「広東経済の高速発展と広東の開放的ムードは切っても切れないものだ。全国でもっとも開放的なこの地域で、企業家が一緒にご飯を食べただけで派出所に連行されなければならないなんて思いもしなかった。一部の企業家は、警察から粗暴に怒鳴られ脅されていた」と話す。

広州の人権弁護士の隋牧青もRFAに対して、「法的にも一般人が一緒に食事をすることは違法ではない。だが、参加人数が多すぎるときは禁止されることもある」と言う。

「ただ、当局の政治的選択があったり、当局が、会合に政治的な企《たくら》みがあると疑ったりした場合、このように突然乗り込んで連行することもある。こういった場合、会合の参加者に政治的に敏感な人物が参加していることが多い」

中共の党建設100周年の祝賀に際し、当局は目下、世論コントロールを全力で行っている。このため小規模範囲の宴会、食事会も厳しく制限されている。広東のような自由な空気の所では人が集まると、政治や社会の不満を言うことで盛り上がることが多いからだ。

政府はいわゆる社会治安の安定秩序の関わる一切の任務を行っている。広東省恵州市のある住民によると、警察は政府に対する批判や生活不満が表面化しないように、民間の集会活動を禁止しているという。

発言が封じ込められる怖さ

すべての集会が禁止されている、というわけではないと思うが、抜き打ち検査のように警察がいきなり宴会に乗り込んでくるケースは最近増えているようだ。

宴会や酒席で、党の悪口を言っていないか、抜き打ちで調べにやってくる。特に民営企業家は、改革開放の自由の風に乗って金儲けしてきた人たちだけに、自由をじりじりと統制していく習近平政権を批判的に思いがちである。

怖いもの知らずの馬雲は、シンポジウムで党批判をやらかして、香港、上海市場の上場が阻止されたり、独禁法違反で182億元の罰金を科せられたアント・グループが事実上、接収されかけたりと、「100倍返し」の痛い目に遭わされている。

このような中国では、今やたとえ仲の良い信頼し合っている人たちと宴会をしたとしても、政治や社会に対する愚痴や不満すら言えず、本当に息苦しくなっている。

日本の場合、政治のリーダシップのなさとか、コロナ対応のまずさなど、実に腹立たしいことも多いが、それでも「菅義偉は最低の首相」だとか「目が死んだ魚のようだ」とか「記者会見が下手すぎだ、ちゃんと答えろ」など、罵詈雑言《ばりぞうごん》をネットの上でも言っても、警察に連行されるようなことはない。記者会見で記者がその気になれば、詰問《きつもん》もできるのだから、やはり自由があると思う。

ただ、対外的には、そういう言論の自由、不満を言う自由がない中国の社会のほうが、強固で団結して異論がないように見え、コロナ対策も五輪などの大会もきちんと行えるように見えるかもしれない。しかし、自分が生きて行くならどっちの社会がいいかというと、政府のやることに一言の文句も言えない超管理強権国家より、コロナ対応が少々まずくとも、発言する自由がある社会のほうがいいと思うのだ。

（『中国趣聞』2021年5月8日改変）

第4部

監視社会の束縛と恐怖

1 顔認証データ漏洩に懸念強まる

わずか2元で購入が可能

中国で「顔認証」技術の応用が広がるにつれ、顔認証データの漏洩リスクが取沙汰されるようになった。

国営の中国中央テレビ（CCTV）など中国メディアが、わずか2元で1000人分の顔認証データをネット上で購入できると報じて、ネットユーザーをざわつかせている。

個人情報の乱用と盗用現象の実態が中国で明らかになるにつれ、一部の人々には顔認証登録などに拒否感が広がっている。

CCTVが2020年11月27日に報じたところによると、AIによって顔写真を変換できる技術を使い、違法な写真を取得し、それに前処理をして「写真活性化」ソフトを使って動画を制作し、顔認証システムを騙《だま》していた事件が警察により摘発された。

2020年8月、杭州市銭塘新区公安局が2人の容疑者を逮捕。彼らは多くのインターネット・プラットフォームで数千人の個人情報を窃取《せっしゅ》し、転売するつもりだったという。

2020年年初にも、浙江省衢州《くしゅう》で、公民の個人情報を盗み、その個人情報を使ってインターネットの金融プラットフォームで口座を開いて、違法に数万元の利益を得た容疑者が逮捕された。

顔認証は先進的AIで行う。非常にハイテク最前線の科学技術に聞こえるが、口座のパスワード、メールアドレス、携帯電話番号、認証番号、身分証などと同様、一種の身分識別技術にすぎない。

顔識別技術は先進的だが、むしろ犯罪分子にも利便性を提供する結果になっている。

実は、顔認証システムは、写真やお面でも認識してしまう。仮面などをかぶって別人の振りをしても、顔認証システムの成功率は3割と高い。

顔写真を使ったり、3Dプリント技術の精密な人面マスクなどを被《かぶ》ったりする場合はさらに、顔認証システムを騙すことができるという。

こうした事件に使われる「顔データ」は一体どこから漏洩《ろうえい》しているのだろう。

最近発表された「顔認証アプリ公衆調査研究報告2020」によれば、9割以上のアンケート回答者は顔認証アプリを使ったことがあり、6割が顔認証技術が乱用されていると感じていた。そして3割がかつて顔データが漏れたり乱用されたために、プライバシーが侵害されたり、財産を損失したりしたことがあると答えていた。

こうした顔写真がどのように漏れるかについてCCTVは、リスクは主にストレージ（補助記憶装置）の部分にあり、目下、大量の顔データがそれぞれのアプリ運営者のストレージやあるいは技術提供者の中央データベースに保存されているという。

「データが脱感処理されているかどうか、セキュリティが整備されているかどうか、アルゴリズム訓練を用いているのか、協力者にシェアされているのか、外界からはまったくわからない。しかも、一度サーバーに侵入されれば、高度に敏感な人物の顔データがリスクにさらされることになる」とCCTVは警告する。

アプリで簡単に顔写真が盗まれる

一部香港メディアが集めたネットユーザーからのフィードバックによれば、スマートフォンの最近のアプリは人の顔写真を読み取ることが多く、たとえばソーシャルメディアで自分の顔写真をさらすと、人相を測定するプロセスの中でその測定者の正面写真をアプリ運用者に伝達することになる、という。

また一部の、アプリはダウンロードのとき、ローカルメモリを読み取る許可を要求し、スマホ内のアルバム内の機密性の高い写真を盗む可能性があるという。身分証などもスキャンされてしまうことがあるという。

浙江省のある大学の副教授は顔認証アプリを使いたくない、として、入園者にその使用を強制する杭州野生動物園を法廷で訴えている。これは、2020年6月に初公判が行われ、中国で最初の顔認証のプライバシーを巡る裁判として話題になった。

2020年3月、清華大学法学院の労東燕教授は、自分が住んでいる団地（小区）から、顔認証ゲートを設置するので、身分証や不動産の権利書の写しを紐《ひも》づけるために、提出するように求められた。

教授は、顔認証のリスクについての新聞報道や法律的な証拠を出して、数百人の世帯主と微信（SNS）のチャットグループで共有、そうしたリスクに関する認識を確認し合った後、居民委員会と不動産管理会社に対して法的な措置を採るとの手紙を出した。最終的に、小区側に譲歩させたのだった。

労教授は「個人情報安全規範」規定を例に引いて、人の顔写真情報を集める場合、個別に通知し、個人情報を提供することへの同意を取り付けねばならず、また、オリジナル画像の保存はできない、と説明する。

「データ管理者は、神ではなく、私欲と弱点をもつ人間だ。だから、彼らは我々の個人データをどのように使用するか、我々の暮らしをどのように操るつもりなのか、すべて知らせねばならない」

労教授は2019年、北京の地下鉄が顔認証改札を導入しようとしたときも、データ管理者の権力の正当性を問い質す公開質問状を出して、反対していた。

市民に高まる警戒感

「個人情報法草案」の制定が目下進められているところだが、この法律ができれば、告知―同意が個人情報処理規則の核心となると見られる。

ただ、個人の同意を基礎とした法律メカニズムをもっても、労教授に言わせれば十分に完全ではない、と言う。「実質、個人情報の不適切な使用から生じるリスクはデータ管理者が請け負い、将来的には法律はデータ管理者処理者の上にその責任を置くものでなければならない」

最近、北京市郊外の大興区の顔認証ゲートシステムの安全性についてネットユーザーが疑問を呈し、区委員会書記の周立雲は、「顔情報データは街道弁公室（町内会事務局）、あるいは公安システムに保存され、絶対安全であり、漏洩《ろうえい》のリスクはまったくない」と回答していた。

この小区の顔識別技術はハイクビジョンが提供しているが、このハイクビジョンのカメラは、新疆のモスクや再教育施設に設置され、ウイグル人管理監視に用いられている。

労教授は「顔認証技術が大規模に推進されているのは、サイレント・マジョリティ（物言わぬ多数派）の心理を利用している。時には抵抗し、努力しなければ、何かを変えるという希望は持てない」と述べており、最近至る所で導入されている顔認識、顔認証システムへの警戒感を募らせている。

目下、顔認証市場はすでに非常に大規模で、２０２２年までに全世界での顔認証ビジネス市場規模は75・95億ドル（５０８億元）相当という。２０２０年10月14日現在のデータでは、中国の顔認証関連企業はすでに1万社を突破。２０２４年には中国の市場規模は１００億元を突破する見込みという。

個人情報保護は守られるか

個人情報保護法草案は、全国人民代表大会（全人代）常務委員会第22回会議（10月13〜17日）で審議が行われ、立法が急がれている。

近年、情報化と経済、社会の深い融合に伴い、個人情報漏洩による問題も増加。個人情報の盗用、乱用の問題が深刻化。個人名簿データの違法売買や、スマートフォンのアプリから違法に集めた個人情報を使って、電信詐欺《さぎ》などの犯罪、押し売りなどの迷惑行為も急増している。

特に新型コロナ肺炎の流行期間、7000人の武漢からの帰省者の個人情報が漏れたことで、いやがらせや罵倒《ばとう》のメッセージが武漢市民に送り付けられるなどの問題が発生した。これは現実に市民の安全にかかわる問題でもあり、個人情報保護関連の法整備の早急な必要性が認識された事件でもあった。

全人代常務委員会法律工作委員会の報道官によれば、「大衆の期待に応えて、党中央は全人代の立法計画に従って、立法工作委員会と中央インターネット安全情報委員会弁公室は広範なオピニオンを参考にして深く調査、研究し、個人情報保護法草案を起草。中国の現実に立って、ネット安全法などの法律、法規、基準などとも兼ね合わせて、国際組織や国家、地域の個人情報保護に関する準則なども十分に鑑《かんが》み、中国の個人情報保護に必要な健全かつ適切な法律制度を打ち立てる」という。

個人情報保護法が制定されることで、曖昧だった個人情報の定義や範囲、個人情報処理と活用の原則がさらに明確化され、個人の権利が保障され、個人情報処理者の義務が強化され、個人情報保護の監督責任が明確となって、厳格な法律責任、罰則が規定されることになるという。

新型コロナ肺炎感染拡大の防止任務のプロセスでは、個人と周囲の人々の安全のために、個人情報が無制限に使用される場面もあった。今後、同様の事態が発生したときに、個人情報収集をどのように管理するかも、基準が打ち出されるようだ。

ＥＵのＧＤＰＲ（一般データ保護規則）のように、個人情報を一般個人情報と特殊個人情報に分けて、突発的な公共衛生事件の応急処置においては姓名、身分証明番号、住所、電話、ＧＰＳ情報、オンライン活動情報などと、健康関連情報を紐づけ、特殊個人情報に格上げすることや、ゲノムデータや生体データ、健康データそのものを特殊個人情報としてさらに特別に保護することなども検討されているという。

（『中国趣聞』２０２０年11月２日改変）

2　吸い取られる個人情報、案の定のザル管理

勝手に来店者の顔を撮影

中国では毎年3月15日の「世界消費者権利デー」に合わせて、ＣＣＴＶ（中国中央テレビ）で「３１５晩会」と呼ばれる特別番組が放送される。消費者を騙す悪徳企業を名指しで批

判して、消費者の不満の溜飲《りゅういん》を下げるという、官民一体の消費者保護キャンペーンであると同時に、一種の娯楽番組でもある。

毎年どこの企業がやり玉に挙げられるか、企業側は戦々恐々とし、外資企業が比較的狙われやすいので海外メディアも注目している。2021年は日産の「インフィニティ」やフォードの「フォーカス」などが、ギアボックスなどの不具合が顧客から訴えられていたのに顧客に口止めを命じたとか、前向きに対処しなかったという理由でバッシングされ、日本の一部メディアでも報じられた。

だが、今年の「315晩会」を見て個人的に印象深かったのは、中国の顔識別システムの普及ぶりと、個人情報管理の杜撰《ずさん》さだ。

個人情報を違法取得したり情報を漏洩させている企業として名指しされたのが、米国のユニットバスメーカーのコーラー、高級自動車メーカーの独BMW、ヘッドハンティング企業の智聯招聘、獵聘、検索エンジン企業の360捜索、UCブラウザなどだ。外資企業も中国企業もある。

CCTVの調査報道によれば、上海のコーラーショップでは入り口に顔識別機能のカメラが設置され、コーラーの店内に入ると、その行動がすべて記録される。この顔認証機能付き撮影システムは、蘇州万店掌公司製のもので、全国のコーラーショップに設置されている。

店に来た人は一歩店内に入るだけで個人ごとにＩＤを作成され、顔認証データは財産状況や行動パターンなどのデータとひそかに紐づけられて記録される。コーラー側の言い分では、顧客情報を先に得ることで顧客対応の心の準備ができ、よりきめ細かいサービスが提供できるという。

蘇州万店掌の顔認証システムは、マスクなしの場合、識別率が95％、マスクありでも80％以上の識別率を達成しており、顧客の性別、年齢、そのときの感情までも分析できるという。同社が目下、保有している顔認証データはすでに1億人を超えている。

蘇州万店掌以外にも悠絡客電子科学、広州雅量科技、瑞為情報技術（深圳）などが同様の顔認証システムを持っている。悠絡のシステムは、深圳市竜華新区のＢＭＷ４Ｓ店の展示場入り口とアフターサービスカウンターの入り口に設置されている。

無錫ＢＭＷ４Ｓ店には瑞為のシステムが導入されている。ＣＣＴＶが全国で20社以上の顔認証システムを導入している店舗を調査したところ、すべて消費者に了承を取らずに消費者の顔認証情報を収集していたという。

中国では、法律上は本人の了承を取らずに顔の認証情報を収集してはならないと明確に規定されている。だが、実際には勝手に顔認証情報を収集することは当たり前のように行われている。それがまったく関係ない第三者企業にビッグデータとして蓄積されていることの怖さを、ＣＣＴＶの番組は暴露していた。

しかも、こうした顔認証情報は、支払い時など多くの場面でパスワード代わりに利用され、銀行口座などと紐づけられている。パスワードは漏洩したら変更できるが、顔は簡単には変えられない。いったん情報が漏洩すると、消費者の財産上の安全、プライバシーが大きな脅威にさらされる、という。

激増する漏洩リスク

さらに、智聯招聘、猟聘といった職業マッチング企業、ヘッドハンティング企業に登録されている個人情報、履歴書が大量に闇市場に流出していることも暴《あば》かれた。

いわゆる闇《やみ》の名簿屋がＣＣＴＶに明かしたところによると、わずか7元で、智聯招聘上の最新の求職者の履歴書が購入できるという。個人情報に当たる部分は一部隠されているが、さらに60元支払えば、求職者の名前、性別、年齢、顔写真、電話やメールなどの連絡方法、職業経歴、学歴などのフル情報がダウンロードできる。年齢や地域、卒業大学などの条件を選別して個人情報を購入することもできるという。

もちろん、企業側は智聯招聘に登録する必要があるし、登録時には営業許可証や法人情報、登記番号なども必要だ。企業側は購入した個人情報を外部に漏らしてはならない、という誓約を智聯招聘に求められる。

だが、実際のところ、こうした個人情報の取り扱いはまったく杜撰。まず就職希望という登録をした個人に対し、その個人情報がどの企業に渡されたかという連絡は一切ない。また、購入した個人情報を企業側がしっかり管理せず、ネット上に漏洩させてしまうケースもある。

さらには、偽企業が智聯招聘に登録し、個人情報を大量にダウンロードして闇市場に流通させていたケースもあることが、ＣＣＴＶの取材で判明した。

公安部は２０２０年に「浄網２０２０」という名のネット犯罪一斉取り締まりを行った。その際、黒竜江省大慶警察が摘発した大型個人情報侵犯事件では、１５００万人以上の個人情報が７５００万元で違法売買されていた。

こうした個人情報の違法収集、あるいはいい加減な個人情報管理による情報漏洩は過去１年の間にネットショッピング、医療、不動産、教育産業分野で頻発《ひんぱつ》しており、個人情報が流出した消費者が違法セールスの被害に遭ったり、電信詐欺に遭ったりしているという。

特に２０２０年から、新型コロナ肺炎のせいで個人情報を収集される機会が増えたため、漏洩リスクが激増していると指摘されている。たとえば、とある病院の患者名簿が微信のグループチャットに流出し、6000人以上の身分証番号、住所、診断結果などの情報がネットに流れた。これにより、情報漏洩した多くの個人が、新型コロナ肺炎に感染したと悪意ある噂をたてられ、隔離されたり、いやがらせの電話を受けたりした。

中国ではデジタル時代に突入し、顔認証、指紋、声紋、虹彩などの生体情報が銀行業務の手続きや、モバイルペイ、公共交通の乗車券などの領域に広く応用され、多くの市民がその利便性を肯定的に受け止めている。しかし、その情報の管理と安全性については曖昧なままだ。

全国情報安全基準化技術委員会によるアプリ専門ガバナンス工作組織が「顔識別アプリに関する調査リポート2020」で2万人のユーザーを対象に調査したところ、6割が顔認証システムが乱用されている、と感じている。3割が顔認証情報の漏洩、乱用により、プライバシーの侵害や財産の損失などの被害を受けた、と答えていた。

本当に怖いのは共産党による収集

こうした個人情報の違法収集、漏洩、乱用の問題が今、CCTVやその他のメディアで大きく取り上げられているのは、中国で目下、個人情報保護に関する法整備が進んでいることと関係している。

2021年1月1日に中国初の民法典が正式に実施され、プライバシー権と個人情報保護の専門章の中で、人格権が初めて規定された。また、個人情報の定義が、名前、生年月日、身分証明番号、生体情報、住所、電話番号、メールアドレス、健康情報、移動追跡情報などを含めて、特定の個人を識別するために、単独あるいは他の情報と組み合わせて、電子的に、あるいはその他方法で記録される情報、と明確にされた。さらに個人情報が侵害された場合の法的救済法を示す個人情報保護法がまもなく制定される。

全人代常務委員会に提出され審議中の「個人情報保護法草案」は、ネット上のパーソナライズされたポップアップ広告などを規制したり、個人が所有した画像や個人の身分が特定できるような情報を、公共安全維持のために必要とされる場合を除いて他人に公開することを禁止する条項が含まれる予定だ。

さらにこの個人情報保護法草案は、企業の関連の違法行為に関して5000万元以下、あるいは1年の売上額の5％以下の罰金を科すなど、比較的厳しい処罰を盛り込んでいる。違法行為のコストを上げることで公民の情報安全を守ることができる、という。

だが、私がここで言いたいのは、中国でも個人情報保護に関する法整備が今後進んでリスクが軽減するであろう、ということではない。本当に怖いのは、企業による個人情報の違法収集や漏洩、悪用ではないのではないか、ということだ。

今、世界で最も大量の個人情報ビッグデータを持っているのが中国共産党であることは間違いない。どこの国でも、政府がその国の国民の個人情報を大量に掌握《しょうあく》している、というのは当たり前といえば当たり前だ。

だが、2010年ごろからテスト運用が始まり、すでに主要都市を網羅している最大の顔認識AI付き監視カメラネットワーク「天網工程」(スカイネット)や農村監視システム「雪亮工程」のように、顔の識別、一部地域では声紋や指紋、歩様までを個人情報と結びつけて収集し、さらには銀行口座、ネットショッピングの履歴、移動パターンまでも解析したビッグデータを蓄積しているとなると、また話が別だろう。

スカイネットも雪亮工程も、建前は犯罪の摘発、治安維持など地域市民の安全のためにつくられたネットワークであり、実際、これらシステムによる犯罪摘発や予防の効果が喧伝されている。だが、たとえば新疆ウイグル自治区などでは、ウイグル人の共産党に対する服従、忠誠を強制し、監視するシステムになっており、恐怖政治の道具の1つとなっていることは、私自身現地で見聞きしてきた。

CCTVの「315晩会」は、中国の民営企業、外資企業が顔認証システムなどで大量に個人情報を収集していることを暴き、それを詐欺などに悪用されることを警告するが、こうした企業のデータは民営国営にかかわらず、中国共産党にも提供される。しかも、それをイデオロギー統制、情報統制に利用し、常に監視されている恐怖を人民に与えることにより、共産党に服従させるために利用しても、誰も告発できない。どちらのほうが恐ろしいかといえば、私は後者だと考えている。

さらにいえば、個人情報を守るためという建前でつくられる個人情報保護法は、むしろデータ統制を強化する側面のほうが強いのではないか。草案では、中国市場に進出した外国企業が、中国人の顧客データを集めた場合、その管理は国内のサーバーに置かなくてはならず、持ち出す場合は厳しい安全評価審査を受けなくてはならない、という。

情報というものが、軍事や金融と並んで国家の主要パワーとなることはすでに多くの人々の認識の一致するところだ。ＳＮＳやさまざまな決済アプリの普及で、信じられない密度の個人情報がインターネット経由でビッグデータとして蓄積され、解析されるようになると、それをより多く掌握する者がより強いパワーを持つ。

企業がそれを持てば企業のビジネスに活用されるが、国家が持てば国家のガバナンスに活用される。その国家が全体主義であり、異なるイデオロギーを許さないような独裁国家であれば、異見分子の排除や世論誘導に利用されることになる。

個人情報を独裁統治に利用する中国特有の怖さと、顔識別情報から虹彩、指紋、声紋から決済情報にいたるまでの詳細な情報収集の実態、その一方で杜撰な情報漏洩ぶりを合わせて考えると、中国企業の商品や決済、ＳＮＳサービスを利用し個人情報を登録すること、ましてや中国企業に顧客データ処理などを外注するリスクもリアルに想像できるのではないだろうか。

（『JBpress』２０２１年3月18日）

3 はい罰金！ 中国警察の「ワナ」に世論騒然

誰もがトラップにかかる「罰金道路」

中国のＥコマース巨人、アリババに対して独禁法違反で１８２億元という巨額の罰金が科せられたことが話題になっている。

中国は２０１５年に米半導体企業クアルコムに60・88億元の巨額罰金を科しているが、アリババへの罰金はこれをはるかに超え過去最高の罰金額だという。

もっともアリババの２０１９年の年間総売上の４％として算出された罰金額なので、アリババがどれほど儲けていたのか、という話でもある。アリババのような巨大企業にとっては史上最高額の罰金もさほど影響はないかもしれないが、庶民が日々科されるさまざまな罰金は、ときには人を自殺に追い込んでしまうこともあるほど深刻だ。

2021年4月、CCTV（中国中央電視台）はじめ中国メディアが広東省の「罰金道路」について報じたことから、中国当局が科す罰金の悪辣《あくらつ》さに注目が集まった。

報道によると、とあるドライバーが広東省仏山市の広州〜台山を結ぶ高速道路（広台高速）にあるY字路の分岐点で車線変更禁止ゾーン走行中に車線変更したとして、罰金200元を徴収された。このとき、罰金切符に記されたこの場所での累計違反人数が62万4149人であった。ドライバーはそれを見て、自分と同様に違反して罰金を科された人間が62万人もいて、1人200元の罰金が徴収されたとしたら累計1億2000万元の罰金が徴収されたことになる、と中国のSNS「微博」に投稿した。

さらに誰かが4月10日、この高速道路のY字分岐点の様子をドローンを使って上空から撮影、その動画をネットに投稿した。その動画では、3分間で27人の交通違反者が出ていた。この動画はCCTVでも紹介された。

CCTVの報道を受けて、広東省仏山市公安局交通警察支隊は2020年3月18日から2021年4月1日までの間に、「監視カメラのスクリーンショット（電子眼）によって交通違反と判断したケースは18万4383件である」として、62万人の交通違反説を否定した。また罰金も、この1年前後の間に3700万元ほどであるという。

だが、それでも異様に違反と徴収罰金額が多い、と世論は沸《わ》き立った。

さらに、異様に交通違反が多いこの高速道路区間の車線変更ルールは、交通警察当局がわざと交通違反を誘発して罰金を徴収するための「トラップ」なのではないか、という噂が立った。

動画をみると、高速道路はY字の少し手前の場所から、車線変更禁止の実線が描かれている。そこまでは、車線変更できる4車線である。その4つの車線は、車線変更できる破線によって区切られている。それがY字の手前に来ると、変更禁止の実線で区切られる5車線に切り替わる。

交通違反の例を挙げよう。Y字では、右側に3車線、左側に2車線に分かれる形になっている。Y字で左に行くつもりで、4車線のときに左から2車線目を走っている車があるとする。Y字に近づくと、車線が増えて5車線になる。ドライバーは、自然に真ん中の車線に入る。すると、その車線は右側に吸い込まれていく。ドライバーはあわてて左側車線に移る。しかし、そこはすでに車線変更禁止区域である。車線変更禁止の実線を乗り越えたドライバーはあえなく反則切符を切られるというわけだ。

実際、この高速道路を利用するドライバーたちによると、この車線変更禁止の実線は高速道路上に突然現れ、反応が間に合わず、間違った車線に入ってしまうのだという。

ドライバーたちは、交通警察当局が、最初から罰金を科すために、こうした分かりにくく、反応しにくい車線変更ルールにしたのではないか、罰金を取るための罠ではないか、と不満を訴えている。当局は中国メディアの批判報道を受けて、「広東省の関連部門はすでに現場に調査チームを派遣している。この区間の車線変更をもっとわかりやすく整理する」としている。

サービスエリアに入れない？

実は交通違反トラップは、中国の全国各地の高速道路、幹線道路に当たり前のように存在しているという。

たとえば、瀋海高速道路の茂名から広州に向かうところにある電白サービスエリアへの入り口手前には、長さが1・5キロにおよぶ車線変更禁止の実線が描かれている。ドライバーがサービスエリアに入ろうと思えば、その1・5キロ前から車線を変更しておかなければならない。だが、その指示が手前にない。サービスエリアが見えてきてからあわてて車線変更すると「交通違反」となる。広東省茂名交通警察当局の2018年の発表によると、2017年にこのサービスエリア付近で12万5000件の交通違反が取り締まられ、罰金総額は2500万元に上ったという。

ほかにも、左折禁止や右折禁止になっている交差点で、手前にそれを知らせる表示がなかったり、見えにくかったり、そういう場所にあえて「電子眼」が設置されていたりする例は枚挙にいとまがない。あきらかに、ドライバーをだまして交通違反させ、罰金を徴収しようとするかのようだ。

多すぎる「電子眼」

中国の交通違反取締は現在、スマート交通違反監視撮影管理システム、通称「電子眼」「電子警察」と呼ばれるシステムによって行われている。監視カメラが交通違反車を撮影し、プレートナンバーを記録、後日、罰金請求をドライバー宅に送りつけ、もれなく徴収するやり方だ。

電子眼がいたるところに設置されていることがドライバーに知れわたったおかげで、ドライバーがスピード違反や危険運転をしないようになったともされている。だが、2021年の全人代（全国人民代表大会）では一部代表から、「電子眼の設置が過密すぎて、合理的でない」という指摘が出た。

重慶市の代表で弁護士の韓徳雲は、2020年の交通違反罰金総額が3000億元前後に達していると指摘した。全国の民用車両の保有台数が2・81億台とすると1台平均1000元以上の罰金が科されていることになる。韓徳雲は、この罰金の多さは、電子眼の設置の仕方に問題があるのではないか、と言う。つまり、わかりにくい車線変更禁止ゾーンなどのトラップをつくって違反を起きやすくし、そこに電子眼を設置して、罰金をより多く徴収しようとしているのではないか、と。

陝西省法学会警察法学研究会常務理事で、陝西省人民警察研修学校治安教学研究室主任の李祖華は、中国誌『財経』に対し「電子警察（電子眼）は今のところ財源が許す限り、より多く、ランダムに設置している」と述べている。数多くランダムに設置する目的は、罰をもって管理するためであり、罰せられる、見張られているという意識による教育指導効果を上げ、管理することによって安全意識の向上が促進できるから、とのことだ。決してむやみに罰金を徴収する目的ではないということらしい。

もっとも、交通ルール違反と罰金情報の不透明さに、市民の「電子眼」に対する不信感、疑問は募るばかりだ。電子眼による罰金収入額がどのくらいで、その用途についても説明はされていない。

運転席で自殺したトラックドライバー

中国ではこうした怪しげな罰金徴収は交通違反にかかわるものだけではない。大型貨物トラックやバスなどは、2013年から中国版GPS「北斗システム」の設置を義務付けられ、その走行ルートや走行時間などが監視されている。これはドライバーの長時間労働を防ぎ、疲労による事故を防ぐことを目的としているとの建前だ。

ドライバーは、運転中は常に北斗システムを稼働させておかなければならない。接続を切ってトラックを運転すると罰金対象になる。2021年4月5日、河北省のあるトラックドライバーが、北斗システムの接続が切れたまま走行していたことが検問所で発覚し、2000元の罰金が科された。ドライバーは接続が切れたのは自分のせいではないと主張し罰金の支払いを拒んでいたが、認められず、衝動的に運転席で殺虫剤を飲んで自殺した。実は北斗システムの端末は、勝手に接続が切れることがある。

この自殺報道で世論が騒然としたのは、トラックドライバーは数千元の北斗システム設置費用や、年に数百元のサービス費用を支払わなければ、営業許可証が取得できないという状況が明らかになったからだ。ドライバーの過剰労働を防ぎ、輸送の安全を守るという建前で監視が強化され、さらにはその監視のため高額な装置を買わされ、サービス料が徴収される。その上、装置の不具合で接続が切れたら、さらに罰金が徴収される。これは一種の搾取ではないか、ということだ。

広台高速道路の「トラップ」罰金について論評記事を報じた財経誌は次のようにまとめている。「強調すべきことは、罰金は一種の手段であるが、その目的は車両に交通規則を守らせ、交通秩序を維持するためにある。（同じ場所で）罰金総額が増え続けて、違反行為の減少が見られないとすると、そのような罰金は、実際、罰金を徴収すること自体が目的となっている。そのような交通ルールは警戒され、なくなるべきなのだ。設計に欠陥があることを顧《かえり》みず、とにかく罰金を科せばいいという状況は、ドライバーの恨《うら》みと不満を買い、執法者の発信力にネガティブな影響しかもたらさない」。まさにその通りであろう。

支配し、富を奪うための「監視」

中国は世界最高レベルにして世界最大の監視国家であり罰金国家だ。ハイテクを駆使《くし》した監視システムにより、監視の目から逃れるすべはほとんどなくなった。中国が監視社会化し、罰金を漏れなく徴収するようになったおかげで、犯罪が減り、ルール違反が減り、庶民の文化レベルが上がったと評価する声はなくもない。

だが、こうした監視と罰金によるがんじがらめの社会が、ルールを破るつもりのない人にもルールを破らせ、罰金を徴収することが目的だけのルールや規則が増える状況を生んでしまう。

それは、中国において、法やルールが社会の平等や公正さの実現のためにつくられるものではなく、権力が社会や庶民を完全に支配しコントロールするための道具、手段としてつくられているからだろう。

アリババの独禁法違反への罰金も、公平公正な市場競争を実現するためではなく、恐らくはアリババを支配し、コントロールし、その富を奪うことが目的なのだろう。

今回の罰金はアリババにとってはさほど打撃はなかったかもしれないが、これから肥え太った家畜のように屠られていくのではないか。つまり、監視社会、罰金社会が最終的に行きつくのは、管理と搾取のディストピア（暗黒世界）でしかない、ということだ。

（『JBpress』２０２１年4月15日）

4 大学支配強化、表現の自由は危機的に

管理の「抜け道」を破壊

中国共産党はこのほど「中国共産党普通高等学校（大学）基層組織工作条例」を打ち出し、大学に対する共産党の全面的指導を強化した。学者たちは学問の自由がさらに弾圧されることになると懸念している。

また中国共産党建党100年記念を前に、紅色観光ブームが巻き起こっているが、これは上海党史教育を若者をターゲットにして、共産党史に親しみを感じさせ、洗脳させるのが目的とみられている。

2021年4月中旬に公布されたこの条例では、大学の基層党組織工作に全面的に模範となるよう指導し、党の指導を全方位的に実施するよう要請。同時に大学の党委員会に状況を見て、大学院単位の党組織ごとで規律検査委員会を設立するよう求めている。規律検査委員会は、党規約に違反する党員に対し取り調べや懲罰を与える組織だが、大学院レベルでもそれを行うということだ。

この条例によって、中国共産党の監督管理統制は大学基層にまでのび、中国共産党による大学教育を通じた若者の洗脳、整理・粛清が一層進み、学問、技術の自由は恐らくさらに弾圧されるだろうとみられている。

ニューヨークのフォーダム大学の中国法律政治学教授のカール・ミンツァー教授は、この条例が、思想指導補助員の人数比率を決めていることに着目。これが大学内で効果的に中共に忠誠を誓う人員を安定して増加させる役割を果たすと見ている。

この条例の目的は熱心な学術研究者を育成することではなく、党の監督管理統制ネットワークをさらに基層に深く広げ、「上に政策あれば下に対策あり」と言われた、共産党の管理の抜け道を探ってきた大学側の学問の自由の防衛策を破壊するのが目的なのだと言う。

この条例は、中共として、大学およびすべての学術界に対して、「あなた方は自分たちが特別だと思ってはならない。民営企業など他の多くのセクターと同じく、党に忠誠を誓わねばならない」と告げている、とミンツァー教授は指摘する。

条例の特徴的な規定では、思想指導の専業の補助員が教授・学生200人に対して1人の割合で配置されなければならず、また専門の思想政治理論科の教師も、学生との比率で1対350より低くなってはならない、という点だ。

中共はこれ以前に、すでに大学教育の掌握を進めており、2020年秋の段階で中国の

37カ所の大学に思想概論科を新たに設置した。

ミンツァー教授によれば、中国の大学はこれまでは一定の柔軟性が暗黙にあり、「上に政策あれば下に対策あり」という形で、中央からの命令に対し、同僚や学生を守ることが暗黙に認められてきた。だが、この10年の間、中央の学術分野への弾圧は強化され、多くの教授が解雇されたり報復に遭ったりして、学術界の知識人たちも公開の場での講演や発言をしたがらなくなってきた。

「北京大学法学院の賀衛方《がえいほう》教授が最近、表舞台に出て来なくなった。以前の発言が原因だったからだ」とミンツァー教授は言う。賀衛方は有名な開明派の良心的学者であるが、近年自由な発言が難しくなり、微信のアカウントを2019年に永久凍結させられた。

紅色教育を徹底させる

オックスフォード大学の政治学者、パトリシア・ソーントン氏はSNSのツイッター上で、「この条例によって学術界が中共組織の法規や中共委員会、あるいはその支部と緊密に協力して、さらに一歩、中国の大学の学術的自由な発展を圧迫することになるだろう」と語った。同時に、この条例は香港の大学にも拡張するだろうと、懸念を示した。

また同時に、大学における党の指導強化だけでなく、中共建党100年記念を迎えるために、習近平が「中共党史をよく学習して、紅色教育を強化する」ように呼び掛けている。一部海外メディアによれば、江西省、貴州省などの革命歴史で知られる地方都市を、紅色観光地として喧伝している。たとえば「中国革命の揺籃《ようらん》の地」としての井岡山市は共産党信者たちの聖地として、大量の観光客を引き付けている。

プリンストン大学中国学社執行主席の陳奎徳《ちんけいとく》は習近平が最近、思想教育の大国内宣伝を強化し、今年の建党100年記念の国慶節や、来年開かれる第20回党大会で、国際上の外交劣勢のイメージを相殺《そうさい》しようとしている、と指摘している。

「習近平は、恐らく国内での思想教育強化による国内プロパガンダ強化によって、一時的に国際上で新たな段階の大きな競争、闘争を引き起こそうとしている」

紅色観光ブーム、各地での共産党紅色宣伝、また上海党史教育を若者に植え付ける映像ビデオ作品のオンライン放送、大量の文芸、映画、演劇など、芸術、カルチャーを使った宣伝などで、若者に向けた洗脳活動が活発化している。

上海市の宣伝部長の周慧琳は「上海は非常に若者の党史教育に力を入れており、党史教育がしっかり頭と心に焼き付けられるようにしている」と語った。しかし、陳奎徳はこれについて、「若者に向けた党史教育は恐らく限界がある。たとえインターネット統制を厳重にしても、若者にはやはりグレートファイアーウォール（大規模インターネット検閲システム）の壁の外の中国の真相を知る方法があるからだ」と指摘している。

ちなみに、習近平が打ち出した新たな党史の4分の1は、習近平が総書記になって以降、9年についての記述となっている。共産党史100年のうちの習近平9年統治にこれほどの比重が置かれていることは、多くの古参共産党員から内心の不満を買っている。

（『中国趣聞』2021年4月28日）

5　習近平への礼賛を迫られる牧師

聖職者を「テロリスト予備軍」扱い？

2021年5月1日から施行された「宗教教職人員（聖職者）管理弁法」や9月から施行される「宗教院校管理弁法」などによって、中国の宗教管理が急激に厳しくなっている。

習近平政権は中国国内の宗教の自由を奪うだけではなく、新たな法律やガイドラインによって、聖職者や宗教施設を事実上の共産党宣伝要員や宣伝機関につくり変えようとしているようだ。

中国にはもともと、宗教が共産党の指導を受ける必要性を規定した「宗教事務条例」という厳しい法律がある。今回施行された「宗教教職人員管理弁法」は、この条例に基づき、僧侶や牧師、司祭といった宗教教職者に対する要求をまとめたものだ。2月9日に7章52条の全文が公布されると、関係者からは、共産党員以上の厳しい高いレベルの忠誠が求められている、との声が上がっていた。

たとえば総則第3条では「宗教教職者は祖国を熱愛し、中国共産党の指導を擁護し、社会主義制度を擁護し、憲法、法律、法規則を遵守し、社会主義の核心的価値を実践し、わが国の宗教独立自主自弁の原則を堅持すること。宗教の『中国化』を堅持し、国家統一、民族団結、社会の安定との和睦《わぼく》を堅持すること」とある。中国内の宗教は、その宗教の本来的な価値観よりも、共産党の指導する社会主義の核心的価値を実践することを強く要求されている。

第6条にある宗教教職者の義務の中には、「宗教活動を正常な秩序で行うために、違法宗教活動と極端な思想に抵抗し、海外勢力が宗教を利用して浸透することを防御すること」（第5項）とあり、熱烈な信仰者や海外からの布教活動を排除することも求めている。

また第12条では、宗教教職者に以下の行為を禁じている。

(1)国家安全、公共安全に危害を与えること、宗教原理主義を宣伝、支持、支援し、民族団結を破壊し国家を分裂し、テロ活動を行ったり、それに関連する活動に参与すること
(2)行政、司法、教育など国家職能への干渉
(3)海外勢力からの支配を受け、海外宗教団体や機関から教職の委任を勝手に受けること、および宗教の独立自主自弁の原則に背く行為
(4)国家の規定に背く国内外からの寄付を受けること
(5)公民の通常な生産、生活に影響を与えること
(6)許可を得ていない場所での宗教活動を組織したり主催したり参加すること
(7)公益慈善活動を利用した布教、宗教学校以外での学校や教育機関での布教、国家規定に違反する形での布教
(8)宗教の名前を借りた商業宣伝
(9)その他の違法行為

まるでイスラム教、チベット仏教、キリスト教の聖職者があたかもテロリスト予備軍か何かと疑ってかかるような管理強化条文だ。

第18条では、宗教職能者として認定、登録されないケースとして、中国の7大宗教団体

（中国仏教協会、中国道教協会、中国イスラム教協会、中国天主教愛国会、中国天主教主教団、中国キリスト教三自愛国運動委員会、中国キリスト教協会）が認定していない場合と、宗教事務局に提供した聖職者の個人資料が事実でない場合、の2つが挙げられている。

この宗教教職人員管理弁法が施行されるまでの「宗教教職人員記録弁法」「宗教活動場所主要教職記録弁法」（2006年以降施行）では、各地の宗教団体に認められれば、その地方で聖職者として登録されていた。だが新管理弁法では、中国共産党統一戦線部直属の7大宗教団体が認定する聖職者でなければ聖職者として登録されなくなった。このことから、「家庭教会」（政府に認可されていないキリスト教会）での牧師などの活動は、さらにやりにくくなったといえる。

また、第32条、第33条によれば、宗教関係者は国家宗教事務局が作成したデータベースで個人情報管理が強化され、賞罰の有無や活動なども記録されるようになった。宗教関係者が省を越えて移動して宗教活動を行うときには、事前に地元と行先の宗教管理当局に報告し、その宗教活動が1年を超えるときにはデータベースの登録先も変更しなければいけなくなった。

第35条では各宗教団体が宗教聖職者を育成するときには、政治教育、文化教育、宗教教育を強化し、教職者グループ全体の資質を高めることとし、教職者の留学に関しては各省、自治区、直轄市宗教団体がルールをつくるように求められた。

習近平の政治スローガンを説く牧師

この宗教教職人員管理弁法が施行されて間もない5月2日、浙江省温州市のキリスト教会での説法の様子を撮影した動画がインターネットに流れた。動画では、牧師が聖書を引用しながら、習近平の政治スローガンである「初心を忘れるな」「使命を胸に刻め」といった言葉を繰り返し、共産党幹部の初心や、毛沢東主席時代の使命、鄧小平時代の使命、習近平時代の使命などについて説いていた。

浙江省の教会で牧師としての長い活動経験がある米カリフォルニア州在住の劉貽牧師は、米国の政府系メディア「ラジオ・フリー・アジア（RFA）」の取材に対し、「中国共産党の管理下で、キリスト教のいわゆる牧師、宣教師たちの多くがすでに自覚的に共産党の立場に立つようになっており、教会での説法で共産党の政策の政治宣伝を行っている。ネットで流れている温州市の教会の説法は、聖書を説いているのではなく、（聖書を使って）共産党の政治宣伝を行っている」と嘆いていた。

また、この宗教教職人員管理弁法に先立って、北京や貴州省貴陽、雲南省怒江の家庭教会で、次々と長老や女性伝導師が当局に拘束される事件も起きた。

北京シオン（錫安）教会の黄春子・伝道師は4月29日に警察に連行されて以降、その消息を絶っている。噂では北京市内の亜運村（国家オリンピックスポーツセンター地域）で警察に拘留され、その安否が気遣われている。北京シオン教会のもう1人の伝道師も連行され、行政拘留10日と罰金500元を科された。理由は違法集会だ。

貴陽仁愛帰正教会の張春雷《ちょうしゅんらい》長老は3月28日に詐欺容疑で逮捕された。信徒の献金の一部を、長老が自分の生活費に使ったことが「詐欺」とされたのだ。信徒として教会で働いていた陳建国ら3人が拘留されたほか、関係者が拘留されたり、家宅捜索を受けたりしており、信者の多くは宗教弾圧だと感じているという。

雲南省の少数民族怒《ヌー》族のキリスト教会は5月1日、「ワクチンを打たなかった」という理由で、閉鎖された。

浙江省温州市の蒼南県はキリスト教の活動が盛んなところで、自宅に礼拝堂をつくっている信徒もいる。3月16日、56歳の男性が、ローマ教皇に任命されたカトリック教会温州教区の邵祝敏主教を自宅の礼拝堂に迎え、20人あまりの信徒とともに小さな集まりを開いた。だが、当局はこれを違法宗教活動だとして、その男性に20万元の罰金を科した。これは中国とバチカンの間で交わされた主教任命に関する暫定合意に違反するものではないか、と見られている。

信仰を持つ人が迫られる「踏み絵」

9月から施行される「宗教院校管理弁法」は、聖職者を育成する宗教学校の定義や基準をこれまで以上に明確化したもので、9章83条からなる。宗教学校はすべて、愛国宗教、宗教の中国化や社会主義の核心的価値観をしっかり身に着けた聖職者が送り込まれるシステムが確立されることになる。

米テキサス州に本部を置くキリスト教系人権組織「対華援助協会」が4月23日に発表した「2020年　中国国内キリスト教会・信徒の政府による迫害リポート」によれば、2020年は習近平が主導するキリスト教中国化5カ年計画の3年目であり、新型コロナ肺炎の流行を理由にした教会の閉鎖や宗教活動の停止などが行われ、宗教弾圧が加速しているという。

対華援助協会によれば、2020年にはすべての家庭教会がなんらかの嫌がらせを受けていた。警察は家庭教会責任者を非公式に呼び出して、長時間の尋問などを行い、十字架や礼拝堂の撤去、あるいはキリスト教信者の自宅を集会に使用したとして撤去したという報告もある。教会が慈善事業を行う場所を撤去したり、なかには墓碑《ぼひ》の上に「神父」の文字があった、十字架が描かれている、として撤去するなど墓荒らしのような事例もあったという。山西省忻州《きんしゅう》には120年の歴史があるバプテスト教会があり、清朝時代に行われたキリスト教伝道師に対する虐殺事件（1900年7月9日）の殉教碑が祀《まつ》られているが、地元政府はそれすらも撤去してしまったという。

宗教の「中国化」キャンペーンは政治局常務委員の汪洋が主導で行っているが、教会では中国国旗の掲揚、礼拝時の国家や愛国歌唱の合唱などが要請されている。また、教会の十字架などの撤去や破壊も進められている。

宗教弾圧は以前からあったが、そのターゲットは主に非公認の家庭教会などに集中していた。だが最近は当局が認可した教会でも、十字架撤去などが頻繁《ひんぱん》に行われている。つまり、公認の聖職者たちを弾圧の恐怖と洗脳教育でコントロールして利用していこうということだろう。一方、非公認の家庭教会に対する容赦ない弾圧が加速されている。

中国の宗教弾圧で記憶に残るのは2019年12月、四川省成都の家庭教会、秋雨聖約教会の王怡《おうい》牧師が「国家政権転覆扇動罪」で懲役9年という重刑判決を受けた事件だ。だがバチカンはじめ世界宗教の指導者たちは中国を表立って批判しておらず、むしろ中国を新たな布教フロンティアと見て、共産党に接近する傾向がある。中国で信仰を持つ人たちは、キリスト教だけでも公認・非公認あわせて1億人前後と推計されている。彼らは弾圧されるか、さもなければ中共政治プロパガンダに協力するかの厳しい「踏み絵」を迫られている。

（『JBpress』2021年5月6日）

おわりに

最後までお読みいただき、ありがとうございます。法律条文の引用が多く、読みにくいところもあったかと思います。

この「おわりに」を書いているとき、中国では新たに気になる2つの法律が成立しました。

1つが「反外国制裁法」、もう1つが「データ安全法」です。

「反外国制裁法」は、英国コーンウォールでの先進7カ国（G7）サミット（2021年6月11日〜13日）で、中国のデカップリング問題がテーマになることから、それを牽制する意味でも、スピード可決となりました。香港の自由への弾圧や、新疆ウイグル自治区での人権弾圧をめぐる欧米の対中制裁に対抗する法的根拠となるものです。

国務院（内閣に相当）の関係部門が近く「報復リスト」を作成し、入国禁止や国外退去、中国国内の資産差し押さえを行うようです。この法律は、これまで草案も公開されず、4

月に審議入りしたばかりでしたが、6月10日の全人代常務委員会で可決し、即日施行となりました。

もう1つが「データ安全法」。草案は2020年6月に初審議が行われ、やはり6月10日の全人代常務委員会で可決、9月1日から施行されます。「国家安全に影響を与えるデータ活動に対して安全審査を行う」として、新たに審査制度を設け、関連企業は中国当局の調査への協力義務が課されます。これは中国に拠点を置いていない外国企業も対象となるとのことです。

データの国際間転送、データ主権の問題は各国とも神経を使うテーマですが、中国の言う「国家安全に与えるデータ活動の定義」はまだ不透明です。それだけに、外国企業に対する統制や圧力、外国製品の排除に恣意的に利用されるのではないかと心配になります。

こうした、日本人を含む外国人のビジネスや暮らしに関わる「戦いの武器」「支配・管理の道具」としての法律が今、中国で次々と誕生しています。

本書では、そうした法や制度のすべてを取り上げるわけにはいきませんでしたが、その背後にある中国の全体像をイメージするには多少、お役に立てたかと思います。

中国の法やルール、制度、恣意的運営による支配・管理の厳しさを見ると、いかに日本には法律が少なく、普遍的価値観に基づいた良識や、日本人特有の善意で社会が運営されているかに気付かされます。そんな日本が、「法治」の概念の全く違う中国と今後、どう付き合っていくのか、そして、日本の法やシステムが今のままでいいのかどうか。本書が改めてそれを考えるきっかけになればと願っています。

福島香織

本書を購読いただいた読者限定プレゼント

ウェブマガジン「中国趣聞（チャイナゴシップス）」無料購読

本書をご購入いただいた読者限定で、平日毎日配信しているウェブマガジン

「中国趣聞（チャイナゴシップス）」

のお試し購読をいただけるキャンペーンを開催します。

＜キャンペーン内容＞
「福島香織の中国趣聞（チャイナゴシップス）」の無料お試し購読

＜キャンペーン期間＞
～ 2021 年 12 月 31 日（金）

＜お試し購読期間＞
ご応募月の最終配信分まで

＜応募方法＞
QR コードから応募ページにアクセスして、
キャンペーンにご応募ください。

コードにアクセスできない方は、下記の URL にアクセスください。
https://foomii.com/files/author/00146/biz-present/

＜注意事項＞
次の方は本キャンペーンの対象外となります。あらかじめご了承ください。
・当ウェブマガジンを購読中の方
・当ウェブマガジンを以前に購読されていた方
キャンペーンは予告なく終了する可能性があります。

＜個人情報の取り扱いについて＞
本キャンペーンに応募いただく際のメールアドレスは、当ウェブマガジンのお試し購読にのみ利用し、その他の目的には利用いたしません。
また、メールアドレスは当ウェブマガジンの配信業務を行う株式会社フーミーが管理し、著者（福島香織）には開示されません。

＜お問い合わせ先＞
info@foomii.com

●著者略歴
福島香織（ふくしま・かおり）

ジャーナリスト、中国ウォッチャー、文筆家。

1967年、奈良市生まれ。大阪大学文学部卒業後、1991年、産経新聞社に入社。上海復旦大学に業務留学後、香港支局長、中国総局（北京）駐在記者、政治部記者などを経て2009年に退社。以降はフリージャーナリストとして月刊誌、週刊誌に寄稿。ラジオ、テレビでのコメンテーターも務める。

主な著書に『ウイグル人に何が起きているのか』（PHP新書）『潜入ルポ 中国の女』（文藝春秋）『中国複合汚染の正体』（扶桑社）『中国絶望工場の若者たち』（PHP研究所）『本当は日本が大好きな中国人』（朝日新書）『権力闘争がわかれば中国がわかる』（さくら舎）『孔子を捨てた国』（飛鳥新社）『赤い帝国・中国が滅びる日』（KKベストセラーズ）『「中国の悪夢」を習近平が準備する』（徳間書店）など多数。

月刊誌『Hanada』、WEBニュース『JBプレス』でも連載中。ウェブマガジン「福島香織の中国趣聞（チャイナゴシップス）」平日毎日発行。

Twitter : @kaori0516kaori

編集協力：宇都宮尚志

習近平「文革2.0」の恐怖支配が始まった

2021年8月1日　　第1刷発行

著　者　福島香織
発行者　唐津　隆
発行所　株式会社ビジネス社
〒162-0805 東京都新宿区矢来町114番地
神楽坂高橋ビル5階
電話 03(5227)1602　FAX 03(5227)1603
http://www.business-sha.co.jp

カバー印刷・本文印刷・製本/半七写真印刷工業株式会社
〈カバーデザイン〉大谷昌稔
〈本文DTP〉茂呂田剛（エムアンドケイ）
〈編集担当〉中澤直樹　〈営業担当〉山口健志

ISBN978-4-8284-2304-3

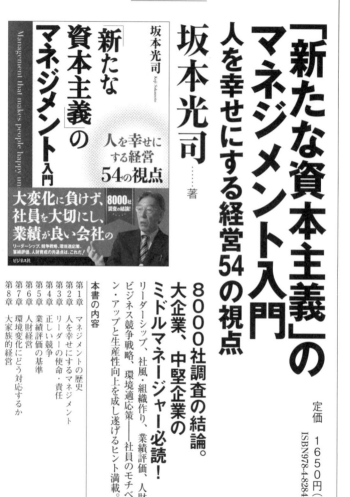